Syntax verstehen

— deutsche Grammatik für Anfänger —

Makoto Nakahashi

ASAHI Verlag

音声再生アプリ「リスニング・トレーナー」

朝日出版社開発の無料アプリ、「リスニング・トレーナー（リストレ）」を使えば、
教科書の音声をスマホ、タブレットに簡単にダウンロードできます。

まずは「リストレ」アプリをダウンロード

≫ App Storeはこちら　　≫ Google Playはこちら

アプリ【リスニング・トレーナー】の使い方

① アプリを開き、「コンテンツを追加」をタップ

② QRコードをカメラで読み込む　

③ QRコードが読み取れない場合は、画面上部に　**25469**　を入力し
「Done」をタップします

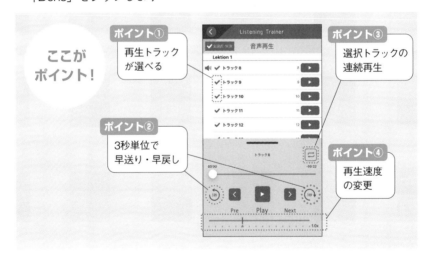

ここが
ポイント！

ポイント①
再生トラック
が選べる

ポイント②
3秒単位で
早送り・早戻し

ポイント③
選択トラックの
連続再生

ポイント④
再生速度
の変更

QRコードは㈱デンソーウェーブの登録商標です

 https://text.asahipress.com/free/german/kouzou-3/

まえがき

　本書は、授業での使用を意図して執筆したドイツ語の初学者用教科書である。初学者用であるため割愛箇所も多いが、本書を使用した学習で、辞書を用いれば新聞程度の文章の読解が可能となるだけのドイツ語の文法知識が身につくはずである。

　言葉には、意味を伝えるための構造がある。ドイツ語のこの構造を理解させることを本書は重視している。この構造の理解が、ドイツ語の論理の理解に役だち、ドイツ語そのものを習得することに繋がると考えるからである。本書の構成も、この構造の理解へ導くためのものである。そのため、本書は、現代では使用頻度の低い用法であっても、この理解に役だつかぎりで触れている。

　本書の各課（Lektion）は2部からなる。第1部（Teil 1）が基礎部分を、第2部（Teil 2）が発展部分を扱っている。第1部は第2部の内容を含まないため、①各課を第1部、第2部と順番に学習することも、②第1部のみを最後まで学習した後に、第2部に進むことも、③第1部のみを授業で扱い、第2部を家庭学習用とすることも可能である。また、学習が第1部のみにとどまったとしても、読解能力の基礎は身につくはずである。

　各課には、辞書をひくだけで解決するもの（格変化を欠く形容詞や副詞など）を除き、未習内容が混入しないよう配慮されている。つまり、練習問題（Übung）で扱われる文法事項は、見開き2頁のうちに含まれるものか、それ以前に学習した内容かのいずれかである。それゆえ、練習問題を解いていて疑問が生じたなら、学習者には、それまで学習した内容をしっかりと見直してほしい（そして、辞書をしっかりとひいてほしい）。それにより解答を導きだすことができるはずである。

　本書の記載に関しては、次に注意されたい。
◆ ドイツ語学習者の大半が英語既習者であるため、多くの箇所を、英文法の知識に基づいて説明している。用語の多くも英文法のそれに合わせてある。
◆ [...] は省略が可能であることを意味している。
◆ 初学者用教科書であるために、古典からの引用であっても、新正書法で記されている。

　本書は、第三書房の旧著の三訂版として、朝日出版社が出版してくださったものである。最初に本書を出版してくださった第三書房、これを継承・発展させてくださった朝日出版社にお礼を申しあげたい。

2023年10月

中橋　誠

目 次

Das Alphabet ··· i
発音とアクセント ··· ii

Lektion 1 ·· 2

> **Teil 1**　**1** 動詞（語幹と語尾）　**2** 不定詞（句）とドイツ語の文の構成
> 　　　　　**3** 重要な現在人称変化（不規則変化動詞）

> **Teil 2**　**1** 現在人称変化の補足説明　**2** 不定詞（句）の名詞的用法

Lektion 2 ·· 6

> **Teil 1**　**1** 名詞の性と定冠詞　**2** 定冠詞と名詞の格変化　**3** 定冠詞類

> **Teil 2**　**1** 名詞の複数形　**2** 不定詞の性

Lektion 3 ··· 10

> **Teil 1**　**1** 不定冠詞　**2** 不定冠詞類　**3** 男性弱変化名詞
> 　　　　　**4** 格の働き（2・3・4格）の補足説明

> **Teil 2**　**1** nicht の用法　**2** unser, euer の格変化における -e- の脱落
> 　　　　　**3** 不規則変化名詞

Lektion 4 ··· 14

> **Teil 1**　**1** 前置詞　**2** 幹母音の変化する du, er の定動詞

> **Teil 2**　**1** 前置詞の補足説明　**2** 幹母音の変化する du, er の定動詞の補足説明

Lektion 5 ··· 18

> **Teil 1**　**1** 接続詞　**2** 分離動詞と非分離動詞

> **Teil 2**　**1** 接続詞の補足説明　**2** 分離動詞と非分離動詞の補足説明

Lektion 6 ··· 22

> **Teil 1**　**1** 人称代名詞　**2** 再帰代名詞　**3** 不定代名詞

> **Teil 2**　**1** 人称代名詞の補足説明　**2** 再帰代名詞の補足説明

Lektion 7 ··· 26

> **Teil 1**　**1** 助動詞 werden　**2** 話法の助動詞　**3** 特殊な es

> **Teil 2**　**1** 助動詞の補足説明　**2** 特殊な es の補足説明

Lektion 8 ··· 30

> **Teil 1**　**1** zu 不定詞　**2** 命令形

> **Teil 2**　**1** zu 不定詞の補足説明　**2** du の命令形の補足説明

Lektion 9 34

Teil 1　**1** 動詞の３基本形　**2** 過去人称変化　**3** haben を用いた完了時称

Teil 2　**1** 規則動詞の３基本形の補足説明　**2** 不規則動詞の３基本形の補足説明
3 過去人称変化の補足説明　**4** haben を用いた完了時称の補足説明

Lektion 10 38

Teil 1　**1** sein を用いた完了時称　**2** 受動文　**3** 過去分詞の用法

Teil 2　**1** 受動文の補足説明　**2** 過去分詞の用法の補足説明

Lektion 11 42

Teil 1　**1** 形容詞　**2** 現在分詞

Teil 2　**1** 形容詞の補足説明　**2** 分詞の補足説明

Lektion 12 46

Teil 1　**1** 形容詞の後の名詞の省略　**2** 形容詞の名詞化　**3** 形容詞・副詞の比較級・最上級

Teil 2　**1** 形容詞の名詞化の補足説明　**2** 形容詞・副詞の比較級・最上級の補足説明

Lektion 13 50

Teil 1　**1** 指示代名詞　**2** 代名詞 dieser, einer, meiner など

Teil 2　**1** 指示代名詞の補足説明　**2** 代名詞 welcher
3 冠詞（類）の重複用法　**4** 数詞

Lektion 14 54

Teil 1　**1** 関係代名詞 der　**2** 疑問詞

Teil 2　**1** 関係代名詞 der の補足説明　**2** 疑問詞の補足説明　**3** 疑問詞を用いた認容文

Lektion 15 58

Teil 1　**1** 関係代名詞 was　**2** 関係代名詞 wer　**3** 関係副詞

Teil 2　**1** 関係代名詞 was の補足説明　**2** 関係副詞の補足説明　**3** 感嘆文

Lektion 16 62

Teil 1　**1** 接続法とその形　**2** 接続法の用法

Teil 2　**1** 接続法の形の補足説明　**2** 接続法の用法の補足説明

主要不規則動詞変化表 66

ドイツ語圏略地図 （▭はドイツ語使用地域）

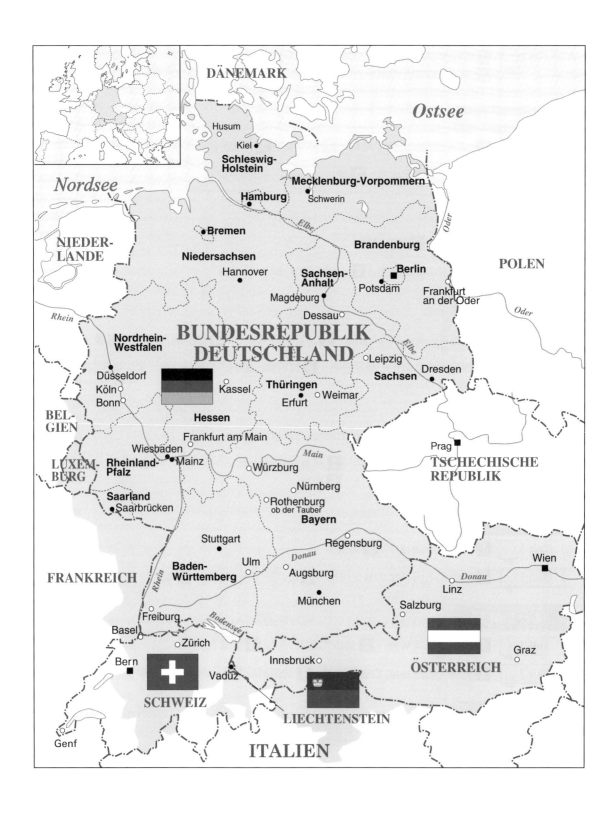

Das Alphabet

A	a	[aː]	アー	Q	q	[kuː]	クー
B	b	[beː]	ベー	R	r	[ɛr]	エル
C	c	[tseː]	ツェー	S	s	[ɛs]	エス
D	d	[deː]	デー	T	t	[teː]	テー
E	e	[eː]	エー	U	u	[uː]	ウー
F	f	[ɛf]	エフ	V	v	[faʊ]	ファオ
G	g	[geː]	ゲー	W	w	[veː]	ヴェー
H	h	[haː]	ハー	X	x	[ɪks]	イクス
I	i	[iː]	イー	Y	y	[ýpsilɔn]	ユプスィロン
J	j	[jɔt]	ヨット	Z	z	[tsɛt]	ツェット
K	k	[kaː]	カー				
L	l	[ɛl]	エル	Ä	ä	[ɛː]	エー
M	m	[ɛm]	エム	Ö	ö	[øː]	エー
N	n	[ɛn]	エン	Ü	ü	[yː]	ユー
O	o	[oː]	オー				
P	p	[peː]	ペー	ß	ß	[ɛs-tsɛ́t]	エス・ツェット

※ Ä は「アー・ウムラウト」、Ö は「オー・ウムライト」、Ü は「ウー・ウムラウト」という。ウムラウトとは「変音」という意味である。

🎧 1-03　**Übung**　次の略語を発音しよう。

1. EU　　2. DEU　　3. AUT　　4. LIE　　5. LUX　　6. CHE

発音とアクセント

一般原則

1. 発音はほぼローマ字読みである。
2. 外来語などを除き、最初の母音（a, ä, i, u, ü, e, o, ö）にアクセントがある。アクセントのある母音は長母音となることがある（アクセントがない母音の多くは短母音である）。
3. アクセントのある母音が長母音となるのは、1 個の子音字（a, ä, i, u, ü, e, o, ö 以外）が続くときである。
4. アクセントのある母音が短母音となるのは、2 個以上の子音字が続くときである。

🎧 **1 単母音**

1-04

a	[aː]	アー	Tal	谷	Plan	計画
	[a]	ア	kalt	寒い	Kamm	櫛
e	[eː]	エー	Gen	遺伝子 *(gene)*	Asket	禁欲主義者 *(ascetic)*
	[ɛ]	エ	Bett	ベッド	nett	親切な
	[ə]	エ	Ende	終わり	Dame	ご婦人
i	[iː]	イー	Bibel	聖書	Appetit	食欲 *(appetite)*
	[ɪ]	イ	grimm	怒り狂った	Tinte	インク
o	[oː]	オー	Ton	音	rot	赤い
	[ɔ]	オ	offen	開いている	oft	しばしば *(often)*
u	[uː]	ウー	gut	良い	Tube	チューブ
	[ʊ]	ウ	Kunst	芸術	Pumpe	ポンプ

※ 名詞は、代名詞を除き、大文字で始まる。
※ 外来語では、アクセントの位置に注意しよう。

🎧 **2 変母音（ウムラウト）**

1-05

ä	[ɛː]	エー	Träne	涙	Pläne	Plan の複数形
	[ɛ]	エ	Kälte	寒さ	Kämme	Kamm の複数形
ö	[øː]	エー	Töne	Ton の複数形	Röte	赤さ
	[œ]	エ	öffnen	開ける	Köln	（都市名）
ü	[yː]	ユー	Güte	善意	üben	練習する
	[ʏ]	ユ	Künste	Kunst の複数形	Hütte	小屋

※ ウムラウトが表記できないとき、ä は ae と、ö は oe と、ü は ue と記す。

🎧 **3 長母音**

1-06

h（長母音を示す）			Zahl	数	wohnen	住む
aa, ee, oo（重母音）			Tee	お茶	Zoo	動物園
ie	[iː]	イー	nie	決してない *(never)*	telefonieren	電話する *(telephone)*

※ -ieren で終わる動詞は外来語であり、常に -ie- にアクセントがある。
※ アクセントのない ie は [iə]（イェ）と発音する。Familie *(family)* Historie *(history)*

🎧 4 二重母音（複母音）

1-07

ai	[aɪ]	アイ	Main	（河川名）		Kai	波止場
ei	[aɪ]	アイ	weit	広い		allein※	一人で (alone)
ay, ey	[aɪ]	アイ	Haydn	（人名）		Loreley	（地名）
au	[aʊ]	アオ	Baum	木		laut	大声で (loud)
äu	[ɔy]	オイ	Bäume	Baum の複数形		läuten	（鐘が）鳴る
eu	[ɔy]	オイ	Europa	ヨーロッパ		Leute	人々

※ 合成語のアクセントは後ろにあることがある。allein (alone) ← all (all) ＋ ein (one)

🎧 5 子音

1-08

b	[b]	ブ	brennen	燃える		Bühne	舞台
	[p]	プ（語末など）	Dieb	泥棒		ob	～かどうか
ch	[x]	ホ a, o, u, au の後	Nacht	夜		hoch	高い
			Buch	本		auch	～もまた (also)
	[ç]	ヒ（上以外）	nicht	～でない (not)		echt	本物の
chs	[ks]	クス	Fuchs	狐		Ochse	雄牛 (ox)
d	[d]	ド	Dach	屋根		Dachs	アナグマ
	[t]	ト（語末など）	und	そして (and)		Mädchen	少女
dt	[t]	ト	Humboldt	（人名）		Brandt	（人名）
f, v	[f]	フ	Heft	ノート		Volk	民族
ph	[f]	フ（外来語）	Phantom	幻		Alphabet	アルファベット
g	[g]	グ	Glas	ガラス		Gabe	才能
	[k]	ク（語末など）	Freitag	金曜日		freitags	金曜日に
ig	[ɪç]	イッヒ（語末）	König	国王		nötig	必要な
j	[j]	イェ	ja	はい (yes)		Japan	日本
k	[k]	ク	Knabe	少年		antik	古代の
ck	[k]	ク	Jacke	上着		Pickel	ピッケル
ng	[ŋ]	ング	jung	若い		Übung	練習
pf	[pf]	プ	Kampf	戦い		Apfel	リンゴ
qu	[kv]	クヴ	Qual	苦痛		Qualität	質
r	[r]	ル	richtig	正しい		Bern	（都市名）
	[ɐ]	ア（長母音の後で、後に母音が来ない -r)					
			Bär	熊		nur	だけ (only)
	[ɐ]	ア（1 音節の語で、-er で終わるときの -r)					
			er	彼は (he)		wer	誰が (who)
er	[ɐ]	アー（2 音節以上の語の終わりで、アクセントを持たない -er)					
			aber	しかし (but)		oder	または (or)
			immer	いつも (always)		Ostern	復活祭 (Easter)
s	[z]	ズ（母音の前）	singen	歌う (sing)		also	それゆえ
sch	[ʃ]	シュ	Englisch	英語		Schuh	靴
sp	[ʃp]	シュプ（語頭）	Sprache	言葉		sparen	貯金する
st	[ʃt]	シュト（語頭）	Stunde	時間 (hour)		Stein	石
ss, ß	[s]	ス	essen	食べる		fleißig	勤勉な

※ ß は、表記できないときは、ss と記す。辞書をひくときも ss としてひく。
※ 短母音の後では ss を、それ以外では ß を使う。

th	[t]	ト（外来語）	Thema	主題 (theme)	Theorie	理論 (theory)
ti	[tsi]	ツィ（外来語）	Lektion	課 (lesson)	Nation	国民 (nation)
ts, ds	[ts]	ツ	nachts	夜に	abends	晩に
tz	[ts]	ツ	Satz	文	Blitz	稲妻
tsch	[tʃ]	チュ	deutsch	ドイツの	tschechisch	チェコの
v	[v]	ヴ（外来語）	Klavier	ピアノ	Vokabular	語彙
w	[v]	ヴ	Werk	作業 (work)	Wagen	車
x	[ks]	クス	Reflex	反射	Axt	斧
z, zz	[ts]	ツ	bezeichnen※	標示する	Skizze	スケッチ

※ 接頭辞 be-, emp-, ent-, er-, ge-, ver-, zer- などにはアクセントがない。(⇨ S.18 **2** ①※)

🎧 Übung 1　次の基数を発音しよう。
1-09

0	null	10	zehn	20	zwanzig	100	[ein] hundert
1	eins	11	elf	21	einundzwanzig	101	hunderteins
2	zwei	12	zwölf	22	zweiundzwanzig	111	hundertelf
3	drei	13	dreizehn	30	dreißig	200	zweihundert
4	vier	14	vierzehn	40	vierzig	476	vierhundertsechsundsiebzig
5	fünf	15	fünfzehn	50	fünfzig	1.000	[ein]tausend
6	sechs	16	sechzehn	60	sechzig	1.918	[ein]tausendneunhundertachtzehn
7	sieben	17	siebzehn	70	siebzig	2.000	zweitausend
8	acht	18	achtzehn	80	achtzig	4.567	viertausendfünfhundertsiebenundsechzig
9	neun	19	neunzehn	90	neunzig	10.000	zehntausend
						100.000	[ein]hunderttausend
						1.000.000	eine Million

※ 基数の発音では区切りに注意しよう。たとえば、einundzwanzig は〔ein-und-zwanzig〕と分かれる。

🎧 Übung 2　次の西暦を発音しよう。
1-10

962 年	neunhundertzweiundsechzig	
1077 年	[ein]tausendsiebenundsiebzig	※ 西暦の読み方
1517 年	fünfzehnhundertsiebzehn	・1099 年までと 2000 年からは基数と同様に読む。
1648 年	sechzehnhundertachtundvierzig	・1100 年から 1999 年までは、〔2 桁 -hundert-2 桁〕
1918 年	neunzehnhundertachtzehn	と読む。
1989 年	neunzehnhundertneunundachtzig	
2024 年	zweitausendvierundzwanzig	

🎧 Übung 3　次の季節・月・曜日を発音しよう。
1-11

春	Frühling	1 月	Januar	7 月	Juli	月曜日	Montag
夏	Sommer	2 月	Februar	8 月	August	火曜日	Dienstag
秋	Herbst	3 月	März	9 月	September	水曜日	Mittwoch
冬	Winter	4 月	April	10 月	Oktober	木曜日	Donnerstag
		5 月	Mai	11 月	November	金曜日	Freitag
		6 月	Juni	12 月	Dezember	土曜日	Samstag (Sonnabend)
						日曜日	Sonntag

Makoto Nakahashi

Syntax verstehen

— deutsche Grammatik für Anfänger —

構造がわかるドイツ語文法　三訂版

— 基礎 + 発展の２段階式 —

ASAHI Verlag

🎧 **1** 動詞（語幹と語尾）

1-12

　ドイツ語の動詞は、英語の原形にあたる**語幹**と、英語の３人称単数の -s に見られた**語尾**からなる。語尾は３人称単数以外にも見られ、主語の人称に応じて変化する（動詞の**人称変化**）。現在時称における人称変化は、語幹 sing (sing) を例にとると、次の通りである。

１人称	ich *(I)*	sing**e**	wir *(we)*	sing**en**
２人称（親称）	du *(you)*	sing**st**	ihr *(you)*	sing**t**
３人称	er *(he)* sie *(she)* es *(it)*	sing**t**	sie *(they)*	sing**en**
２人称（敬称）	Sie *(you)*	sing**en**	Sie *(you)*	sing**en**

※ ２人称には、家族や友人などに使われる親称と、それ以外に使われる敬称がある。敬称 Sie は３人称複数 sie の転用であり、これと同一の変化をするため、以下、省略する。
※ 以下、３人称単数は er で代表する。

※ 以上の -e, -st, -t, -en, -t, -en を**人称語尾**、主語がついて人称変化した動詞を**定動詞**、主語がつかない人称変化以前の動詞を**不定詞**という（不定詞には -en の語尾がつく）。動詞を辞書でひくときは不定詞でひこう（上では singen）。逆に、不定詞を定動詞にするときは、不定詞語尾をとって、人称語尾をつけよう。

🎧 **2** 不定詞（句）とドイツ語の文の構成

1-13

① 不定詞は他の要素を前に伴って**不定詞句**となる。一般に、不定詞との結びつきが強いものほど、不定詞の近くに位置する（おおよそ日本語の語順と一致する）。

　　　oft laut **singen**　　　　　　　　何度も大声で歌う（こと）

② 不定詞（句）は**主語**を伴うと文になる。そのさい、不定詞は**定動詞**に変化し、平叙文では、文の要素の**第２位**に移動する（**定動詞第２位**）。定動詞以外の要素は、強調などを除き、移動しない。

　　　Er **singt** oft laut.　　　　　　　彼は何度も大声で歌う。
　　　Oft **singt** er laut.　　　　　　　何度も大声で歌う。
　　　Laut **singt** er oft.　　　　　　　大声で何度も歌う。
　　　※ 文頭は大文字にする。

③ 疑問詞を含まない疑問文では、定動詞は第１位に位置する。

　　　Singt er oft laut?　　　　　　　*(Does he often sing loud?)*
　　　Ja, er **singt** oft laut.　　　　　*(Yes, he often sings loud.)*
　　　Nein, er **singt** nicht oft laut.　*(No, he does not sing loud often.)*
　　　Singt er nicht oft laut?　　　　*(Doesn't he sing loud often?)*
　　　Doch, er **singt** oft laut.　　　　*(Yes, he often sings loud.)*
　　　※ doch は否定の否定を意味する。
　　　Nein, er **singt** nicht oft laut.　*(No, he does not sing loud often.)*

④ 疑問詞を含む疑問文では、疑問詞が第１位に、定動詞は第２位に位置する。

　　　Wann **singt** er laut?　　　　　*(When does he sing loud?)*
　　　Was **singt** er laut?　　　　　　*(What does he sing loud?)*
　　　Wo **singt** er laut?　　　　　　*(Where does he sing loud?)*
　　　Warum **singt** er laut?　　　　*(Why does he sing loud?)*
　　　Wer **singt** laut?　　　　　　　*(Who sings loud?)*
　　　Wie **singt** er?　　　　　　　　*(How does he sing?)*
　　　Wie oft **singt** er laut?　　　　*(How often does he sing loud?)*
　　　※ wie oft で１つの要素である。

🎧 **3 重要な現在人称変化（不規則変化動詞）** (⇨ S.4 **1**)
1-14

sein (be)		haben (have)		werden (become)		wissen (know)	
ich **bin**	wir **sind**	ich habe	wir haben	ich werde	wir werden	ich **weiß**	wir wissen
du **bist**	ihr **seid**	du **hast**	ihr habt	du **wirst**	ihr werd**e**t	du **weißt**	ihr wisst
er **ist**	sie **sind**	er **hat**	sie haben	er **wird**	sie werden	er **weiß**	sie wissen

🎧 **Übung 1** ドイツ語の文を完成させよう。
1-15

1. 私は独文学を専攻している（studieren）。 ＿＿＿＿ ＿＿＿＿＿＿ Germanistik.
2. 彼は晩にビールを飲みます（trinken）。 ＿＿＿＿ ＿＿＿＿＿ abends Bier.
3. 君は勤勉にドイツ語を学んでいる（lernen）。 ＿＿＿＿ ＿＿＿＿ fleißig Deutsch.
   ※ドイツ語では、形容詞の多くがそのまま副詞としても使われる。(⇨ S.42 **1** ④)
4. 彼は論理的に（logisch）考えます（denken）か。 ＿＿＿＿＿＿ logisch?
5. 私はハンブルクをよく（gut）知っている（kennen）。 ＿＿＿＿ Hamburg gut.
6. 彼らは何を知っています（wissen）か。 ＿＿＿＿ ＿＿＿＿ ＿＿＿＿＿?
7. 知は力（Macht）なり。 *(Francis Bacon)* Wissen ＿＿＿＿ Macht.
   ※ Wissen のように不定詞と同形の名詞もある。名詞は大文字で始まる。(⇨ S.ii **1** ※)
8. 君らはとても（sehr）勤勉ですか。 ＿＿＿＿＿ sehr fleißig?
9. 彼は病気（krank）に決してならない（nie）。 ＿＿＿＿ nie krank.
10. 君はおなかがすいている（Hunger haben）のか。 ＿＿＿＿ Hunger?

🎧 **Übung 2** 和訳しよう。
1-16

1. Schönheit vergeht, Tugend besteht. ＊諺
2. Eigenlob stinkt, Freundeslob hinkt, Feindeslob klingt. ＊諺
   ※ Eigenlob ←〔eigen + Lob〕 Freundeslob ←〔Freund + Lob〕 Feindeslob ←〔Feind + Lob〕
   辞書にない単語を見たときは、合成語の可能性を考えよう。
3. Besitz heißt Verantwortung. *(Albert Schweitzer)*
4. Würde bringt Bürde. ＊諺
   ※ 主語候補が複数あるときは、原則として、先行するものが主語である。
5. Oft weckt Not Talent. *(Ovid)*
6. Glück macht Mut. *(Goethe: Götz von Berlichingen)*
7. Lou und Paul traut Friedrich, aber sie trauen Friedrich nicht.
   ※ aber *(but)* や und *(and)*、oder *(or)* は文の要素に入らない。(⇨ S.18 **1** ①)
8. Ihr seht und sagt: Warum? Aber ich träume und sage: Warum nicht? *(Bernard Shaw)*
9. Ich denke, also bin ich. *(Descartes)*
   ※ 繋辞（イコール）以外の sein の意味は、多くの場合、存在（いる・ある）である。
10. Wo sind wir? Was wünschen wir? Was machen wir? Warum lernen wir?

★ 1人称とは「私（達）」、2人称とは「あなた・君（達）」、3人称とはこれら以外である。
★ ドイツ語の動詞の現在形は、「〜している」とも、「〜するだろう」（可能性の高い未来）とも訳せる。
★ 主語・動詞の組みあわせを含まない2語以上のまとまりが句（不定詞句など）である。
★ ドイツ語の文では先ず定動詞を探そう。

🎧 **1 現在人称変化の補足説明** (⇨ S.2 **1**, S.3 **3**)
1-17

		tun[*1] (do)	wandern[*1,2] (wander)	lächeln[*1,2] (smile)	reisen (travel)	öffnen (open)	antworten (answer)
ich	−e	tue	wand[e]re[*3]	lächle[*4]	reise	öffne	antworte
du	−st	tust	wanderst	lächelst	reist[*5]	öffnest[*6]	antwortest[*6]
er	−t	tut	wandert	lächelt	reist	öffnet[*6]	antwortet[*6]
wir	−(e)n	tun[*1]	wandern[*1,2]	lächeln[*1,2]	reisen	öffnen	antworten
ihr	−t	tut	wandert	lächelt	reist	öffnet[*6]	antwortet[*6]
sie	−(e)n	tun[*1]	wandern[*1,2]	lächeln[*1,2]	reisen	öffnen	antworten

※1 不定詞のなかには -n の語尾を持つものもある。このような動詞では、wir, sie の人称語尾も -n となる。
※2 アクセントを欠く母音の連続（-ere-, -ele- など）は避けられる。（× wanderen）
※3 -er で終わる語幹に人称語尾 -e がつくと、幹母音（語幹の母音）の -e- が落ちることがある（落ちない方が多い）。[*2]
※4 -el で終わる語幹に人称語尾 -e がつくと、幹母音の -e- が落ちる。[*2]（× lächele）
※5 -s, -ss, -ß, -tsch, -tz, -z, -x で終わる語幹につく人称語尾 -st は -t となる。
※6 -d, -t, -chn, -ffn, -tm で終わる語幹につく人称語尾 -st は -est と、-t は -et となる。

🎧 **2 不定詞（句）の名詞的用法** (⇨ S.2 **2** ①)
1-18

① 不定詞（句）は文中で名詞（句）として、つまり、主語や補語、目的語として働く。文中では、不定詞と定動詞を混同しないようにしよう。

> **Leben** heißt **kämpfen**.　　　　←　不定詞：leben, kämpfen
> (*To live is to fight.*) (*Seneca*)

> **Mensch sein** heißt **verantwortlich sein**.　←　不定詞句：Mensch sein,
> (*To be a man is, precisely, to be responsible.*) (*Saint-Exupéry*)　　verantwortlich sein

② 完全に名詞として理解された不定詞は大文字で始まる。(⇨ S.ii **1** ※)

> **Reden** ist Silber, **Schweigen** ist Gold.
> (*Speech is silver, silence is gold.*)　＊諺

🎧 **Übung 1** ドイツ語の文を完成させよう。
1-19

1. 私はよく１人で歩き回る。　＿＿＿＿＿ ＿＿＿＿＿＿ oft allein.
2. 彼女はとても愛想よく(freundlich)笑う。　＿＿＿＿＿ ＿＿＿＿＿ sehr freundlich.
3. 私は慌て(schnell handeln)ない。　＿＿＿＿＿ ＿＿＿＿＿＿ nicht schnell.
4. 君は踊りが好きですね。
　（好んで(gern)踊りますね(tanzen)。）　＿＿＿＿＿ ＿＿＿＿＿ gern.
5. 彼女は計算が遅い(langsam rechnen)。　＿＿＿＿＿ ＿＿＿＿＿ langsam.
6. 彼は図画が好きだ(描く(zeichnen))。　＿＿＿＿＿ ＿＿＿＿＿ gern.
7. 君はここで何をしている(tun)のか。　＿＿＿＿ ＿＿＿＿ du hier?
8. 君の名前はなんと(wie)言います(heißen)か。　＿＿＿＿ ＿＿＿＿＿ ＿＿＿＿＿?
9. いつ彼は勤勉に働く(arbeiten)のか。　＿＿＿＿＿ ＿＿＿＿＿ fleißig?
10. 君はなぜそれほど入浴するのですか(baden)。　＿＿＿＿ ＿＿＿＿＿ ＿＿＿ so oft?

Übung 2 次の文を見て、（　）に日本語を、＿＿＿にドイツ語を補い、和訳しよう。

„Heißt du Heidi oder Adelheid?", fragt Klara.
„Ich heiße Heidi.", antwortet Heidi.

a. 定動詞 frag*t* の不定詞は＿＿＿＿＿＿＿＿である。定動詞 antwortet の人称語尾は、発音への配慮から、-t ではなく -et であり、その不定詞は antworteen ではなく、＿＿＿＿＿＿＿＿＿＿である。

b. 不定詞＿＿＿＿＿＿＿の定動詞である heißt は、語幹 heiß- と語尾 -t からなる。この語尾を伴うときの主語は、通常、（　　）人称単数の名詞か（　　）人称複数の＿＿＿＿である。しかし、この heißt の主語は du である。ここの人称語尾が -st ではなく、-t であるのは、発音への配慮のためである。このように、定動詞から不定詞を考えるさいには、-e- の挿入や、-e-, -s- の脱落の可能性も考えよう。

訳

Übung 3 次の文を見て、（　）に日本語を、＿＿＿にドイツ語を補い、和訳しよう。

Flöte spielen macht Spaß.

a. この文では、一見、spielen が定動詞であると思われるかもしれない。しかし、そのときの主語である 2 人称敬称 Sie や、（　　）人称（　　）数、（　　）人称（　　）数の名詞が文中に見られない。それゆえ、spielen は定動詞ではなく、不定詞であると考えられる。この文の定動詞は、人称変化が確実な＿＿＿＿＿＿＿である。

b. Spaß を辞書でひくと、〔…… macht Spaß〕で「……は楽しい（……は楽しみを作りだす）」という用法が見られる。それゆえ、Spaß は macht の（　　　　）語である。

c. 〔Flöte spielen〕は、（　　　　）詞の前にあることから、1 つの不定詞句として扱う。不定詞（句）は文中で主語・目的語・補語のいずれか、ここでは、（　　）語にあたる働きをしている。また、不定詞は、動詞としての性質も持つ。ここの spielen が、Flöte という（　　　　）語を持つのは、spielen が（　　）動詞だからである。

訳

Übung 4 和訳しよう。

1. Dank altert schnell.　＊諺
2. Ich zweifle, also denke ich. *(Werner Mitsch)*
3. Du grüßt Wolfgang freundlich.
4. Wissen ist Macht. Aber Unwissenheit bedeutet noch lange nicht Machtlosigkeit.
   (Enrico Fermi)
   ※ noch lange「まだ」
   ※ Machtlosigkeit「無力」
5. Not lehrt beten.　＊諺
6. Kunst ist Weglassen. *(Leonard Frank)*
7. Denken heißt selber denken. *(Lichtenberg)*
   ※ selber「自分で」
8. Liebe analysieren heißt Liebe zerstören. *(Inayat Khan)*
9. Vater werden ist nicht schwer, Vater sein dagegen sehr. *(Wilhelm Busch)*
10. Aufrichtig sein und ehrlich bringt Gefahr. *(Shakespeare: Othello)*

🎧 **1** 名詞の性と定冠詞
1-23

　英語の定冠詞 *the* は、ドイツ語の名詞の単数（sg.）では、**der, das, die** と３つに分かれる。これは、ドイツ語の単数名詞が男性・中性・女性のいずれかの性を持ち、それに応じて定冠詞が３つに分かれるためである（名詞は der, das, die と一緒に覚えよう）。例えば次のようになる。

男性名詞（m.）	**der** Vater	*(the father)*	**der** Löffel	*(the spoon)*
中性名詞（n.）	**das** Kind	*(the child)*	**das** Messer	*(the knife)*
女性名詞（f.）	**die** Mutter	*(the mother)*	**die** Gabel	*(the fork)*

※ 以下、定冠詞は der で代表する。
※ der は er に、das は es に、die は sie に対応する。

※ 性は文法上のものである。また、合成語の名詞の性は最後の名詞に従う。
　　das Oktoberfest 10月祭　← *der* Oktober + **das** Fest *(festival)*
※ 複数名詞（pl.）では性は問題とされず、定冠詞はすべて die となる。複数名詞の形については、そのつど辞書を参照しよう。（⇨ Fußnote）

🎧 **2** 定冠詞と名詞の格変化
1-24

　文中における名詞の役割を決定するものを**格**という（英語の *he, him* など）。ドイツ語名詞には格が４つある。１格は**主語**（「〜は」「〜が」）や**補語**（「〜である」）、２格は**修飾**（「〜の」）、３格は**間接目的語**（「〜に」）、４格は**直接目的語**（「〜を」）として働く。動詞・形容詞などが慣用表現として特定の格を用いるときもある（辞書参照）。格は定冠詞（と名詞語尾）により示される。定冠詞と名詞の格の変化（**格変化**）は次の通りである。

格	m.	n.	f.	pl.	pl.
1	**der** Onkel *(uncle)*	**das** Kind	**die** Tante *(aunt)*	**die** Kinder	**die** Tanten
2	**des** Onkel**s**※¹	**des** Kind[**e**]**s**※¹	**der** Tante	**der** Kinder	**der** Tanten
3	**dem** Onkel※²	**dem** Kind[e]※²	**der** Tante	**den** Kinder**n**※³	**den** Tanten※³
4	**den** Onkel	**das** Kind	**die** Tante	**die** Kinder	**die** Tanten

※１ 男性名詞・中性名詞の２格には -[e]s の語尾がつく。-s か -es かに関しては、多くはどちらでもよいが、-s, -ss, -ß, -x, -sch, -t, -z で終わるときは -es が、アクセントのない -em, -en, -el, -er, -ling で終わるときは -s がつく（厳密には辞書を参照しよう）。（⇨ Fußnote）
※２ 男性名詞・中性名詞の単数３格は、単数２格から -s が落ちたものである。-s と一緒に -e も落ちることが多い。
※３ 複数名詞３格には -n の語尾がつく。ただし、-n は重ねない。（× Tanten**n**）

　Der Geist bewegt **die** Materie.
　　（**The mind** moves **the matter**.）*(Vergil: Aeneis)*

　Die Jugend glaubt **dem** Alter nicht.
　　（**Young people** don't believe **old people**.）＊諺

　Die Augen sind **der** Spiegel **der** Seele.※
　　（**The eyes** are **the mirror** of **the soul**.）＊諺
　　※ ２格の名詞は、通常、前の名詞を修飾する。後の名詞を修飾することもあるが、そのときは、修飾される名詞の冠詞が落ちる。（修飾される名詞の格は、文中での役割から判断すること。）
　　　　Die Augen sind **der** *Spiegel* **der Seele**.
　　　　　→ Die Augen sind **der Seele** *Spiegel*.

★ 名詞を辞書でひくときの注意：名詞は、辞書で [der Onkel -s/-], [das Kind -[e]s/-er], [die Tante -/-n], [der Geist -[e]s/-er], [die Materie -/-n], [die Jugend -/], [das Alter -s/-], [das Auge -s/-n], [der Spiegel -s/-], [die Seele -/-n], [der Mann -[e]s/Männer], [das Mädchen -s/-], [die Frau -/-en], [die Katze -/-n], [die Geduld -/], [die Grundlage -/-n], [die Weisheit -/-en] などと記されている。見だしは単数１格の形であり、最初に名詞の性が示されている。スラッシュの前は単数２格語尾を、後は複数形語尾ないし複数形そのものを示す。

🎧 **3** 定冠詞類

dieser *(this)*, jener *(that)*, solcher *(such)*, aller *(all)*, jeder *(every)*, mancher *(quite a few)*, welcher *(which)* を**定冠詞類**という。定冠詞類は定冠詞に似た格変化をする。

格	m.	n.	f.	pl.
1	dies**er** Mann *(man)*	dies**es** Mädchen	dies**e** Frau *(woman)*	dies**e** Männer
2	dies**es** Mann[**e**]**s**	dies**es** Mädchen**s**	dies**er** Frau	dies**er** Männer
3	dies**em** Mann[**e**]	dies**em** Mädchen	dies**er** Frau	dies**en** Männer**n**
4	dies**en** Mann	dies**es** Mädchen	dies**e** Frau	dies**e** Männer

※ 以下、定冠詞類は dieser で代表する。

Nachts sind *alle* **Katzen** grau.
(*All cats* are grey in the dark.) ＊諺

Geduld ist die Grundlage *jeder* **Weisheit**.
(Patience is the foundation of *every wisdom*.) *(Sokrates)*

🎧 **Übung 1** 次の文を見て、（　）に日本語を、＿＿にドイツ語を補い、和訳しよう。
1-26

Der Frau schmeckt dieser Kuchen gut. Er ist sehr populär.

a. ドイツ語の文では先ず定動詞を探そう。定動詞は、平叙文では、文の要素の第（　）位に位置する（単語としての順序ではない）。第1文の定動詞は＿＿＿＿＿＿＿＿＿＿である。

b. 定動詞が確定したら、名詞の格を考えよう。最初の名詞である Frau は1格ではない。Frau が（　）性名詞であり、der がつくときは（　）格か（　）格であるからである。ここでは後者であり、（　　　）と訳する。この文の主語は、（　）性名詞であるがゆえに、1格以外の可能性を持たない＿＿＿＿＿＿＿＿＿＿＿＿＿である。このように、名詞を見たときは、その格が何か、文中での働きが何か、どのように訳すかを考えよう。

c. Er は＿＿＿＿＿＿＿＿＿＿をうけている。ドイツ語の名詞の性は文法上のものであることに注意しよう。

訳

🎧 **Übung 2** 和訳しよう。
1-27

1. Kurz ist der Schmerz, und ewig ist die Freude. *(Schiller: Die Jungfrau von Orleans)*
2. Der Zweck heiligt die Mittel. *(Ovid)*
3. Übung macht den Meister. ＊諺
4. Die Tiger sind den Schmetterlingen nicht lästig.
5. Der Jugend fehlt die Erfahrung und dem Alter die Jugend. ＊諺
6. Das Wort gleicht der Biene: Es hat Honig und Stachel. *(Talmud)*
7. Nur schwer kommt die Gelegenheit, leicht entgeht sie. *(Publilius Syrus)*
8. Jeder Vergleich ist das Ende des Glücks und der Anfang der Unzufriedenheit. *(Kierkegaard)*
9. Geld ist das Maß aller Dinge. ＊諺
10. Armut ist aller Künste Stiefmutter. ＊諺

★ 名詞を見たときには、まず、主語（「〜は」「〜が」）、補語（「〜である」）、目的語（「〜に」「〜を」）、修飾（「〜の」）のいずれであるかを考えよう。

★ 辞書で、人の2・3・4格は j²、j³、j⁴ や js.、jm.、jn. などと、物の2・3・4格は et²、et³、et⁴ などと記されている。

🎧 **1** **名詞の複数形**
1-28
名詞の複数形は、おおよそ以下のようにできる。規則的なものは暗記しておこう。

① 無語尾式（単複同形）

der Karpfen	(carp)	→	die Karpfen
der Onkel	(uncle)	→	die Onkel：

　　　　　　　　　　　　　　　　-el, -en, -er で終わる男性名詞と中性名詞は無語尾式。

der Vogel	(bird)	→	die Vögel：幹母音がウムラウトするものもある。
das Mädchen	(girl)	→	die Mädchen：-chen (n.) は無語尾式。
das Vöglein	(bird)	→	die Vöglein：-lein (n.) は無語尾式。

② E 式

der Tag	(day)	→	die Tage
der Band	巻	→	die Bände：幹母音がウムラウトするものもある。
der Zwilling	(twin)	→	die Zwillinge：-ling (m.) → -linge
die Kenntnis	(knowledge)	→	die Kenntnisse：-nis → -nisse

③ ER 式：幹母音の a, o, u, au はすべてウムラウトする。

das Kind	(child)	→	die Kinder
der Mann	(man)	→	die Männer
das Band	帯	→	die Bänder

④ (E) N 式：幹母音がウムラウトすることはない。

die Funktion	(function)	→	die Funktionen：-ion (f.) → -ionen
die Schönheit	(beauty) ※	→	die Schönheiten：-heit (f.) → -heiten
die Ewigkeit	(eternity) ※	→	die Ewigkeiten：-keit (f.) → -keiten
die Freundschaft	(friendship)	→	die Freundschaften：-schaft (f.) → -schaften
die Bildung	(education)	→	die Bildungen：-ung (f.) → -ungen
die Studentin	女子学生	→	die Studentinnen：-in (f.) → -innen
das Auge	(eye)	→	die Augen：e は重ねない。（× Augeen）
die Schwester	(sister)	→	die Schwestern（⇨ S.4 **1** ※ 2）
die Gabel	(fork)	→	die Gabeln（⇨ S.4 **1** ※ 2）

　　　※ -heit, -keit で終わる名詞は抽象名詞だが、複数形では具体的なものを表わす。
　　　　Schönheit「美」⇔ Schönheiten「美人」

⑤ S 式：幹母音がウムラウトすることはない。

das Auto	(automobile)	→	die Autos
die Band	楽団	→	die Bands
die AG	株式会社	→	die AGs

　　　※ -s で終わる複数名詞には、3 格でも語尾 -n がつくことはない。（⇨ S.6 **2** ※ 3）
　　　　sg. das Auto, des Autos, dem Auto, das Auto
　　　　pl. die Autos, der Autos, den Autos（× Autosn）, die Autos

🎧 **2** **不定詞の性**
1-29
　　大文字で始まる不定詞（⇨ S.4 **2** ②）は、中性名詞（単数）として扱う。

　　　Dem Wachsen des Geldes folgt die Sorge.
　　　(**Worry** follows growing wealth.) (Horaz)

🎧 1-30 **Übung 1** 次の文を見て、( ) に日本語を、＿＿にドイツ語を補い、和訳しよう。

Den Wagen dieses Konzerns fehlt die Popularität. Aber ich finde diesen Wagen toll.

a. 男性名詞 Wagen は単複同形であり、-n で終わるため、(　　)数(　　)格以外はすべて同形である。上の２つの Wagen の数・格は何か。第１文の Den Wagen は fehlt と一緒に使われているため(　　)格である(S.7 Übung 2 - 5.)。それゆえ(　　)数である。第２文の diesen Wagen は finde の目的語であるため(　　)格である(辞書参照)。この格で diesen が使われているため、diesen Wagen は(　　)数である。

b. 第２文では toll の扱いに困るかもしれない。主語・動詞以外に複数の要素があるときは、そこに１つの文を考えると分かりやすいことが多い(英語の第５文型(SVOC)を思いだそう)。ここでは、動詞 sein を補うと、finde の後に＿＿＿＿＿＿＿＿＿＿＿＿＿＿＿＿＿＿＿という文が潜在的に含まれることが分かる。そうすると、toll が補語であることも分かりやすい。

訳

🎧 1-31 **Übung 2** 次の文を見て、( ) に日本語を、＿＿にドイツ語を補い、和訳しよう。

Das Fragen ist den Forschern eigentümlich. Sie haben immer manche Fragen.

a. 第１文の Forschern が複数３格であることは、辞書をひかずとも、(　　　　)詞の＿＿＿＿と語尾の＿＿＿＿から推測できる。この格は、＿＿＿＿＿＿＿＿＿＿＿＿により必要とされている(辞書参照)。

b. 第１文の Fragen は Frage の複数形ではない。もし複数形であるなら、その前に来るのは Das ではなく、＿＿＿＿である。Das がつき、中性名詞として扱われているのは、この Fragen が(　　　　)詞だからである(辞書によっては、最初から中性名詞と記されている)。それゆえ、その和訳は、「問い」ではなく、(　　　　　　　　)である。第２文の Fragen は、直前に manche があることから、(　　)数の(　　)格か(　　)格である。ここでは、haben の目的語であるために、後者である。以上の２つの Fragen に見られるように、それだけでは品詞などが分からないときは、定冠詞(類)などに注目しよう。

訳

🎧 1-32 **Übung 3** 和訳しよう。

1. Leiden sind Lehren. *(Äsop)*
2. Dieses Kind kennt schon Bänke und Banken.
3. Worte sind des Dichters Waffen. *(Goethe)*
4. Sprichwörter sind die Münze des Volkes. ＊諺
5. Die Dummheiten wechseln, und die Dummheit bleibt. *(Erich Kästner)*
6. Leben ist das Einatmen der Zukunft. *(Pierre Leroux)*
7. Alles Reden ist sinnlos. Hier fehlt das Vertrauen.
8. Alles Leben ist Problemlösen. *(Karl R. Popper)*
9. Arbeit macht das Leben süß. *(Burmann)*
10. Fressen und Saufen macht die Ärzte reich. ＊諺

🎧 **1 不定冠詞**
1-33

定冠詞のときと同様、名詞の性に応じて、**ein**, **ein**, **eine** を不定冠詞として使う。定冠詞のときと同様、格は不定冠詞（と名詞語尾）により示される。

※ 以下、不定冠詞は ein で代表する。

格	m.	n.	f.
1	ein Garten *(garden)*	ein Haus *(house)*	ein**e** Tür *(door)*
2	ein**es** Garten**s**	ein**es** Haus**es**	ein**er** Tür
3	ein**em** Garten	ein**em** Haus[**e**]	ein**er** Tür
4	ein**en** Garten	ein Haus	ein**e** Tür

Ein Buch ist *ein* Spiegel.
(*A book* is *a mirror.*) (Lichtenberg)

Glück ist die Folge *einer* Tätigkeit.
(*Happiness is the end of action.*) (Aristoteles)

🎧 **2 不定冠詞類**
1-34

所有冠詞の mein *(my)*, unser *(our)*, dein *(your)*, euer *(your)*, sein *(his, its)*, ihr *(her, their)*, Ihr *(your)* と否定冠詞の kein *(no)* を**不定冠詞類**という（以下、不定冠詞類は mein で代表する）。格変化は以下の通りである。なお、sein に関しては男性名詞・中性名詞のいずれをうけるか、ihr に関しては女性名詞・複数名詞のいずれをうけるかに注意しよう。また、Ihr は、3 人称複数の ihr の 2 人称敬称への転用である（⇨ S.2 **1** ※）。

格	m.	n.	f.	pl.
1	mein Mund *(mouth)*	mein Auge *(eye)*	mein**e** Nase *(nose)*	mein**e** Augen *(eyes)*
2	mein**es** Mund[**e**]**s**	mein**es** Auge**s**	mein**er** Nase	mein**er** Augen
3	mein**em** Mund[**e**]	mein**em** Auge	mein**er** Nase	mein**en** Augen
4	mein**en** Mund	mein Auge	mein**e** Nase	mein**e** Augen

※ kein は不定冠詞のついた名詞や無冠詞の複数名詞などを否定する。その他の否定には nicht を使う。
Liebe kennt **keine** Grenzen. (*Love knows no limits.*) (Bibel)
Unkraut vergeht **nicht**. (*Weeds never die.*) ＊諺

🎧 **3 男性弱変化名詞**
1-35

次のような特殊な格変化をする男性名詞を**男性弱変化名詞**という。

格	sg.	pl.	sg.	pl.
1	der Student *(student)*	die Student**en**	der Junge *(boy)*	die Junge**n**
2	des Student**en**	der Student**en**	des Junge**n**	der Junge**n**
3	dem Student**en**	den Student**en**	dem Junge**n**	den Junge**n**
4	den Student**en**	die Student**en**	den Junge**n**	die Junge**n**

★ 男性弱変化名詞は辞書に、[der Student -en/-en]、[der Junge -n/-n] などと記されている。単数2格の語尾が -[e]s ではなく、-[e]n であることに注意しよう。（⇨ S.6 Fußnote）

🎧 **4 格の働き（2・3・4格）の補足説明** (⇨ S.6 **2**)

1-36

① 2格には補語となる用法もある。

Ich bin Ihrer Meinung.
(*I am **of your opinion**.*)

② 3格には、基準・剥奪・（身体の一部の）所有を意味する用法もある。

Die Zeit vergeht **den Kindern** schnell.
(*Time passes quickly **for the children**.*)

Die Sorge raubt **dem Studenten** den Schlaf.
学生は心配で眠れない（心配が学生から睡眠を奪っている）。

Der Ritter küsst **dem König** die Hand.
(*The knight kisses **the king's** hand.*)

③ 2・4格には副詞としての用法もある。

Meines Erachtens ist die Ehrfurcht die Grundlage aller Tugenden.
(***In my opinion**, piety is the foundation of all virtues.*) (*Cicero*)

Die Sonne ist **jeden Tag** neu.
(*The sun is new **each day**.*) (*Heraklit*)

🎧 **Übung 1** 次の文を見て、（　）に日本語を、＿＿にドイツ語を補い、和訳しよう。

1-37

Das Schicksal geht seinen Weg. (*Seneca*)

a. Das Schicksal は（　　）格である。（　　）語になるものが他にないからである。

b. seinen Weg の sein は＿＿＿＿＿＿をうけている。sein は、人・物に関係なく、（　　）性名詞や（　　）性名詞をうけることに注意しよう。

c. Weg は（　　）性名詞なので、seinen Weg は4格である。4格名詞は目的語となることが多いものの、ここでは――日本語としては分かりにくいが――（　　）詞として使われている。geht が（　　）動詞だからである。

訳

🎧 **Übung 2** 和訳しよう。

1-38

1. Keine Antwort ist auch eine Antwort. (*Cicero*)
2. Der Kampf ist mein Leben. (*Nelson Mandela*)
3. Unser Leben ist eine Schöpfung unseres Geistes. (*Buddha*)
4. Bücher haben ihre Schicksale.   *諺
5. Die Wissenschaft ist der Verstand der Welt, die Kunst ihre Seele. (*Maxim Gorki*)
6. Jeder Affe liebt seine Jungen.   *諺
7. Der Charakter des Menschen ist sein Schicksal. (*Heraklit*)
8. Der Mensch ist dem Menschen ein Wolf. (*Plautus*)
9. Eines Tages kommt die Zeit. (*Marcello Alexander*)
10. Alles Ding währt seine Zeit. (*Paul Gerhardt*)

★ 副詞は、動詞や文を修飾することが多いものの、あらゆるものを修飾できる。
★ ドイツ語の名詞では、（複数も含め）性と格に注意しよう。

🎧 **1 nicht の用法**
1-39

① nicht は、原則として、直後の要素を否定する。

　　Fragen sind immer der Mühe wert, Antworten **nicht** immer.
　　*(It is always worth while asking a question, though it is **not** always worth while answering one.) (Oscar Wilde)*

　　Angst ist **nicht** real.
　　*(Fear is **not** real.)*

　　Genauigkeit ist noch lange **nicht** die Wahrheit.
　　*(Exactitude is **not** truth.) (Henri Matisse)*

　　※ nicht は特定の要素を否定するがゆえに、何かとの対比を含意する。補語があるとき（上の real や die Wahrheit）、
　　　nicht は補語の前に置かれるが、これも同様である（否定されても何ものでもないということはありえないがゆえに、
　　　「〜ではなく、…である」という対比を含意する）。

② 文末の nicht は定動詞を否定する（ドイツ語の文の構成を思いだそう（⇨ S.2 **2** ①②））。

　　Geld stinkt **nicht**.　←　不定詞句：nicht stinken
　　*(Money does **not** stink.) (Vespasian)*

🎧 **2 unser, euer の格変化における -e- の脱落**
1-40

格	m.	n.	f.	pl.	m.	n.	f.	pl.
1	unser	unser	uns[e]**re**	uns[e]**re**	euer	euer	eu[e]**re**	eu[e]**re**
2	uns[e]**res**	uns[e]**res**	uns[e]**rer**	uns[e]**rer**	eu[e]**res**	eu[e]**res**	eu[e]**rer**	eu[e]**rer**
3	uns[e]**rem**	uns[e]**rem**	uns[e]**rer**	uns[e]**ren**	eu[e]**rem**	eu[e]**rem**	eu[e]**rer**	eu[e]**ren**
4	uns[e]**ren**	unser	uns[e]**re**	uns[e]**re**	eu[e]**ren**	euer	eu[e]**re**	eu[e]**re**

※ -e- が落ちるのは、アクセントを欠く母音の連続を避けるためである。（⇨ S.4 **1** ※ 2）

🎧 **3 不規則変化名詞**
1-41

格	sg.	pl.	sg.	pl.	sg.	pl.
1	der Name *(name)*	die Name**n**	der Glaube *(belief)*	die Glaube**n**	der Wille *(will)*	die Wille**n**
2	des Name**ns**	der Name**n**	des Glaube**ns**	der Glaube**n**	des Wille**ns**	der Wille**n**
3	dem Name**n**	den Name**n**	dem Glaube**n**	den Glaube**n**	dem Wille**n**	den Wille**n**
4	den Name**n**	die Name**n**	den Glaube**n**	die Glaube**n**	den Wille**n**	die Wille**n**

格	sg.	pl.	sg.	pl.
1	das Herz *(heart)*	die Herz**en**	der Herr *(mister)*	die Herr**en**
2	des Herz**ens**	der Herz**en**	des Herr**n**	der Herr**en**
3	dem Herz**en**	den Herz**en**	dem Herr**n**	den Herr**en**
4	das Herz	die Herz**en**	den Herr**n**	die Herr**en**

※ Herz のみは中性名詞である。

Übung 1 次の文を見て、（　）に日本語を、＿＿にドイツ語を補い、和訳しよう。

1-42

Nicht leicht wechsle ich den Herrn.　＊諺

a. この文の定動詞は＿＿＿＿＿＿＿＿であり、その不定詞は＿＿＿＿＿＿＿＿である（⇨ S.4 **1** ※ 4）。

b. den Herrn は（　　）数（　　）格である。Herrn は定冠詞 den に後続し、-n で終わっているが、複数 3 格ではないことに注意しよう。

c. Nicht は（　　　　）を否定する。ここで否定されているのは＿＿＿＿＿＿＿＿である。

訳

Übung 2 次の文を見て、（　）に日本語を、＿＿にドイツ語を補い、和訳しよう。

1-43

Gaben macht der Wille gut.　＊諺

a. この文の定動詞は＿＿＿＿＿＿＿＿である。主語となるのは、1 格にしかならない＿＿＿＿＿＿＿＿である。不規則変化名詞は、使用頻度が高いので覚えておいた方がよい。

b. Gaben は macht の（　　　　　）語である。gut は扱いに困るかもしれないが、主語・動詞以外に複数の要素があるとき、そこに 1 つの文が考えられうることを思いだすなら（⇨ S.9 Übung 1b.）、次のような文が潜在的に含まれると考えると分かりやすい。

　　Gaben ＿＿＿＿＿＿＿＿ gut.

訳

Übung 3 和訳しよう。

1-44

1. Humor ist keine Gabe des Geistes, er ist eine Gabe des Herzens. *(Ludwig Börne)*
2. Das Wunder ist des Glaubens Kind. *(Goethe: Faust)*
3. Das Auge des Herrn macht das Vieh fett.　＊諺
4. Beten ist gut, es macht das Herz froh. *(Dostojewski)*
5. Ordnung machen ist nicht schwer, Ordnung halten aber sehr.　＊諺
6. Die Wahrheit ist die Tochter der Zeit, nicht der Autorität. *(Brecht: Leben des Galilei)*
7. Nicht der Krieg ist revolutionär, der Friede ist revolutionär. *(Jean Jaurès)*
8. Ich gehe nicht euren Weg. *(Nietzsche: Also sprach Zarathustra)*
9. Die Muse ist auch dem Dichter nicht immer günstig. *(Hegel)*
10. Nicht jede Wolk' erzeugt ein Ungewitter. *(Shakespeare: König Heinrich der Sechste)*
　　※ Wolk' = Wolke

★ unser, euer の -er や ihr, Ihr の -r の母音化（⇨ S.iii **5**）は、語尾がついたとき無効となることに注意しよう。
　unser（ウンザー）　→　unsere（ウンゼレ）

🎧 **1 前置詞**
1-45

前置詞とは、名詞と結びついて他を修飾するものである。（名詞の前に位置するので、前置詞 (Präposition) という。〔前置詞＋名詞＝修飾語句〕と考えよう。）

　　名詞の修飾：Freundschaft ist eine Seele **in** *zwei Körpern*.
　　　　　　　　*(Friendship is a soul **in** two bodies.)* (Aristoteles)

　　動詞の修飾：**In** *der Kürze* liegt die Würze.
　　　　　　　　*(**In** the Shortness lies the spice.)* ＊諺

それぞれの前置詞は特定の格を伴う（**前置詞の格支配**）。

① ２格支配

　　[an]statt *(instead of)*, außerhalb *(outside)*, innerhalb *(inside, within)*, oberhalb *(above)*, unterhalb *(below)*, diesseits *(on this side of)*, jenseits *(beyond)*, trotz *(in spite of)*, während *(during)*, wegen *(owing to, because of)*, usw.

② ３格支配

　　ab *(from)*, aus *(from)*, außer *(except)*, bei *(by)*, entgegen *(against)*, gegenüber *(opposite)*, mit *(with)*, nach *(after)*, seit *(since)*, von *(of)*, zu *(to)*, usw.

③ ４格支配

　　bis *(till)*, durch *(through)*, entlang *(along)*, für *(for)*, gegen *(against)*, ohne *(without)*, um *(around)*, wider *(against)*, usw.

④ ３・４格支配（**３格のときは場所**を、**４格のときは方向**を意味する）

　　an *(at, on)*, auf *(on, upon)*, hinter *(behind)*, in *(in)*, neben *(next to)*, über *(over)*, unter *(under)*, vor *(before)*, zwischen *(between)*

　　In der Mitte von Schwierigkeiten liegen die Möglichkeiten.
　　*(**In the middle** of difficulty lies opportunity.)* (Einstein)

　　Das Auge ist ein Fenster **in die Seele**.
　　*(The eye is a window **to the mind**.)* ＊諺

⑤定冠詞の一部で指示力の弱いものは前置詞と融合する。

am ← an dem	ans ← an das	aufs ← auf das	beim ← bei dem
im ← in dem	ins ← in das	vom ← von dem	zum ← zu dem
zur ← zu der	ums ← um das		

🎧 **2 幹母音の変化する du, er の定動詞**
1-46

du, er の定動詞で幹母音（語幹の母音）の変化するものがある（a → ä, e → i[e]）。辞書をひくとき注意しよう（幹母音の変化した定動詞が辞書に載っている）。

schlafen *(sleep)*		sprechen *(speak)*		sehen *(see)*	
ich schlafe	wir schlafen	ich spreche	wir sprechen	ich sehe	wir sehen
du schl**ä**fst	ihr schlaft	du spr**i**chst	ihr sprecht	du s**ie**hst	ihr seht
er schl**ä**ft	sie schlafen	er spr**i**cht	sie sprechen	er s**ie**ht	sie sehen

★ usw.（und so weiter）は「等々」を意味する。

Übung 1 次の文を見て、（　）に日本語を、＿＿にドイツ語を補い、和訳しよう。

Tapferkeit in Verbindung mit Macht führt zu Tollkühnheit. *(Aristoteles)*

a. 前置詞を見たら、結びつく名詞を探そう。この文の in は＿＿＿＿＿＿と、mit は＿＿＿＿＿と、zu は＿＿＿＿＿＿と結びついている。

b. 複雑な文では、最初、前置詞句を無視しよう。前置詞句は他を修飾するのみであり、文の主要要素とはならないからである。そうすると、この文の主要要素として残るのは、定動詞の＿＿＿＿＿＿と主語の＿＿＿＿＿＿のみである。

c. 主要要素が確定されたら、次に、前置詞句が何を修飾するかを考えよう。前置詞句が何を修飾するかは——慣用表現を除けば——意味から判断するが、まずは近くを修飾すると考え、それでは文意が不明なときに他の可能性を考えるとよい（ただし、文末の前置詞句に関しては、定動詞の修飾の可能性を先に考えよう（⇒S.2 **2** ①②））。この文の in 以下は＿＿＿＿＿＿を、mit 以下は＿＿＿＿＿＿を、zu 以下は＿＿＿＿＿＿を修飾している。

訳

Übung 2 次の文を見て、（　）に日本語を補い、和訳しよう。

Ein Film zerlegt die Wirklichkeit in Augenblicke. *(Walter Benjamin)*

a. Film は男性名詞であるがゆえに、Ein Film は（　）格である。それゆえ、この文の die Wirklichkeit は（　）格でなければならない。

b. in には、3 格か 4 格の名詞が後続する。この文の Augenblicke は（　）格である。（　）格だとしたら、Augenblick*n* でなければならないからである（⇒S.6 **2** ※ 3）。それゆえ、この文の in は「～のなかで」ではなく、「～のなか（　）」と解さなくてはならない。

訳

Übung 3 和訳しよう。

1. Mit dem Wissen wächst der Zweifel. *(Goethe)*
2. Zum Hasse nicht, zur Liebe bin ich. *(Sophokles: Antigone)*
3. Selbst die Lehre der Weisheit ist für den Menschen zu hoch. *(Kant)*
   ※ selbst は、ここでは、「～さえ」「～すら」を意味する副詞として働いている。
   ※ zu は前置詞（英語の to）としてのみならず、副詞（英語の too）としても働く。後者は形容詞や副詞の前に位置する。
4. Ein Pessimist sieht eine Schwierigkeit in jeder Gelegenheit, ein Optimist sieht eine Gelegenheit in jeder Schwierigkeit. *(Churchill)*
5. Die Arbeit ist kein Wolf. Sie flieht nicht in den Wald.　＊諺
6. In jedes Menschen Gesichte steht seine Geschichte. *(Friedrich von Bodenstedt)*
7. Humor ist der Schwimmgürtel auf dem Strom des Lebens. *(Wilhelm Raabe)*
8. Gott ist die Antwort auf jede Frage. *(Inayat Khan)*
9. Die Welt ist ein Brief Gottes an die Menschheit. *(Platon)*
10. An den Scheidewegen des Lebens stehen keine Wegweiser. *(Chaplin)*

★ 複雑な文では、一度、〔前置詞＋名詞〕を無視して、文の主要要素だけを取りだそう。

Lektion 4　Teil 2

🎧 **1 前置詞の補足説明**
1-50

① [an]statt, trotz, wegen は２格支配だが、口語では３格支配にもなる。

　　Er bleibt zu Hause **wegen *des Unfalls***.
　　*(He is staying home **because of the accident**.)*
　　→　Er bleibt zu Hause **wegen *dem Unfall***.

② um ... willen *(for O's sake)* では、名詞（２格）は間に入る。

　　Der Fuchs grüßt den Zaun **um *des Gartens* willen**.
　　*(The fox greets the fence **for the garden's sake**.)*　＊諺

③ gegenüber には後置の用法もある。

　　Ludwigshafen liegt ***Mannheim* gegenüber**.
　　*(Ludwigshafen lies **opposite to Mannheim**.)*

④ nach には後置の用法もある。

　　Gott und die Seele sind ***seiner Meinung* nach** unkörperlich.
　　(He holds God, like the soul, to be incorporeal.) (Diogenes Laërtius)

⑤ entlang は後置で４（まれに３）格を、前置で３（まれに２・４）格を支配する。

　　Er geht ***den Fluss* entlang**.
　　*(He goes **along the river**.)*
　　→　Er geht **entlang *dem Fluss***. / Er geht **entlang *des Flusses***.

⑥ 動詞・形容詞・名詞などと使われることがある。一種の慣用表現として覚えよう。

　　Das Leben **besteht in** der Bewegung.
　　*(Life **consists in** movement.) (Aristoteles)*

　　Reisen ist die **Sehnsucht nach** dem Leben.
　　*(Travel is the **longing for** life.) (Kurt Tucholsky)*

🎧 **2 幹母音の変化する du, er の定動詞の補足説明**
1-51

① 幹母音 a が ä に変化するものの例：

fallen	*(fall)*	→	du fällst,	er fällt
tragen	*(carry)*	→	du trägst,	er trägt
wachsen	*(grow)*	→	du wächst,	er wächst (⇨ S.4 **1** ※ 5)
laden	*(load)*	→	du lädst,[*1]	er lädt[*1]
halten	*(hold)*	→	du hältst,[*2]	er hält[*2]
stoßen	突く	→	du stößt,[*3]	er stößt[*3] (⇨ S.4 **1** ※ 5)

　　※ 1 -d で終わる語幹であっても、人称語尾 -est や -et の -e- がつかない。(⇔ S.4 **1** ※ 6)
　　※ 2 -t で終わる語幹であっても、人称語尾 -est の -e- がつかず (⇔ S.4 **1** ※ 6)、er では人称語尾も落ちる。
　　※ 3 stoßen においては、幹母音 o が ö に変化する。

② 幹母音 e（短母音）が i（短母音）に変化するものの例：

helfen	*(help)*	→	du hilfst,	er hilft
essen	*(eat)*	→	du isst,	er isst (⇨ S.4 **1** ※ 5)

③ 幹母音 e（長母音）が i[e]（長母音）に変化するものの例：

lesen	*(read)*	→	du liest,	er liest (⇨ S.4 **1** ※ 5)
stehlen	*(steal)*	→	du stiehlst,	er stiehlt
geben	*(give)*[*4]	→	du gibst,[*4]	er gibt[*4]

　　※ 4 gibst, gibt の -i- は長母音だが、-ie- とは記さない。

④ 幹母音 e[h]（長母音）が i（短母音）に変化するものの例：

nehmen　*(take)*　　→　du nimmst,*⁵　er nimmt*⁵

treten　　*(step)*　　→　du trittst,*²,⁵　er tritt*²,⁵

werden　*(become)*　→　du wirst,*⁶　er wird*⁶ (⇨S.3 **3**)

　※ 5 -i- は短母音なので、子音字を重ねる。
　※ 6 werden においては du の人称変化で -d- が、er の人称変化で -t が落ちる。

🎧 **Übung 1** 次の文を見て、（　　）に日本語を、＿＿にドイツ語を補い、和訳しよう。
1-52

　Alter schützt vor Torheit nicht. *(Shakespeare: Antonius und Cleopatra)*

a. schützen は、（　　）動詞であるにも関わらず、ここでは目的語を欠いている。このような場合、
　「われわれ」や「一般の人々」を意味する名詞が欠けていることがある。

b. この文の vor を「前」と訳しても、日本語としては不自然さが残る。このようなときは慣用表現
　の一部として前置詞が使われているのではないかと考えよう。この vor は＿＿＿＿＿＿＿＿＿
　と一緒に慣用表現をなしている（辞書参照）。

訳

🎧 **Übung 2** 次の文を見て、＿＿にドイツ語を補い、和訳しよう。
1-53

　Alle Menschen streben von Natur nach Wissen. *(Aristoteles: Metaphysik)*

a. この文では、streben が定動詞、＿＿＿＿＿＿＿＿＿＿＿＿＿が主語である。

b. 主語・動詞以外に、2 つの前置詞句が残る。このうち、＿＿＿＿＿＿＿＿＿＿が streben と一緒
　に 1 つの慣用表現を形成している。この〔前置詞句＋動詞〕の組みあわせは、ドイツ語の文の構
　成からも予想される（⇨S.2 **2** ①②）。実際、＿＿＿＿＿＿＿を辞書でひくと、この慣用表現が見つ
　かる。

訳

🎧 **Übung 3** 和訳しよう。
1-54

1. Nach Heraklit ist der Mensch den Göttern gegenüber ein Affe.
2. Ordnung um der Ordnung willen beraubt den Menschen seiner Kräfte. *(Saint-Exupéry)*
3. Ich glaube an die Vernunft. *(Brecht: Leben des Galilei)*
4. Ich denke niemals an die Zukunft. Sie kommt früh genug. *(Einstein)*
5. Auf den Menschen tritt nur immer der Mensch. *(Gertrud von Le Fort)*
6. Ein Teil des Talentes besteht in der Courage. *(Brecht)*
7. Auch die Ewigkeit besteht nur aus Augenblicken.　*諺
8. Der Narr hält oft die Dinge vor seiner Nase für absolut.
　　※ 慣用表現などでは、名詞以外のものが前置詞に後続することもある。
9. Alter schützt vor Liebe nicht, aber Liebe vor dem Altern. *(Coco Chanel)*
10. Der Buchstabe tötet, aber der Geist macht lebendig. *(Bibel)*

🎧 **1 接続詞**
1-55

接続詞とは、２つ（以上）の文（の一部）を結びつけるものである。並列接続詞と従属接続詞に分かれる。

① **並列接続詞**は等しいもの同士を結びつける。und *(and)*, aber *(but)*, oder *(or)* などは、文と文、前置詞句と前置詞句、名詞と名詞などを、denn *(for)*, allein *(only)* などは文と文を結びつける。並列接続詞は文の要素に入らず、**語順に影響を与えない。**

> Das Herz ist der Schlüssel *der Welt* **und** *des Lebens*.
> *(The heart is the key of the world **and** of life.)* *(Novalis)*

> Jedes Alter hat *seine Vergnügungen*, *seinen Geist* **und** *seine Sitten*.　※ A, B und C
> *(Every age has its pleasures, its style of wit, **and** its own ways.)* *(Nicolas Boileau-Despréaux)*

② **従属接続詞**は副文（主文内で１要素となる文）を導く。副文はコンマで主文と区別され、**副文内の定動詞は副文末に位置する**（定動詞後置）。dass *(that)*, ob *(whether)*, damit *(in order that)*, wenn *(when, if)*, als *(as, when, than)*, bevor *(before)*, nachdem *(after)*, während *(while)*, obwohl *(although)*, weil *(because)*, wie *(as)*, da *(as)* などが導く副文はすべて、主文内で**副詞**にあたる働きをする。ただし、dass, ob が導く副文は**名詞**にあたる働きをすることもある。

> Alle Menschen *sind* Demokraten, **wenn** sie glücklich *sind*.
> *(All men are democrats **when** they are happy.)* *(Chesterton)*
> ⇨　**Wenn** sie glücklich *sind*, *sind* alle Menschen Demokraten.
> ※ 副文は１つの要素と見なされる。主文の定動詞の位置に注意しよう（⇨ S.2 **2** ②）。

> Er ist offenbar krank, **dass** er nicht kommt. *(He is obviously sick, given **that** he won't come.)*
> Ich weiß, **dass** er *kommt*.　　　　　　　*(I know **that** he will come.)*
> Ich weiß nicht, **ob** er *kommt*.　　　　　*(I don't know **whether** he will come.)*
> *Es* ist gut, **dass** er *kommt*.　　　　　　*(It is nice **that** he will come.)*
> ※ es には、後続する副文を指す形式主語としての用法がある。

🎧 **2 分離動詞と非分離動詞**
1-56

① 接頭辞 be-, emp-, ent-, er-, ge-, ver-, zer- （⇨ S.iv **5** ※）は、基礎となる動詞（基礎動詞）と一体化し、その意味を拡張する。このような動詞を**非分離動詞**という。

> Die Natur **ver**steht gar keinen Spaß, sie ist immer wahr.
> *(Nature **under**stands no jesting; she is always true.)* *(Goethe)*
> ※ 非分離動詞では基礎動詞にアクセントがある。他の品詞に転用されても同様である。
> verstéhen 理解する　→ Verstánd 理解力 / verstándlich 理解可能な

② 基礎動詞の意味の拡張には、前置詞（an-, auf-, aus-, bei-, mit-, nach-, vor-, zu-, usw.）や副詞（ab-, ein-, fort-, her-, hin-, los-, weg-, zurück-, zusammen-, usw.）、名詞、形容詞などに由来する**前つづり**を使うこともある。これらの動詞を**分離動詞**という。**前つづりは主文内では基礎動詞から分離し、文末に位置する**ので注意しよう。なお、分離動詞は辞書では、auf|stehen や 分離 などと記されている。

> Wir **stehen** früh am Morgen **auf**.　←　auf|stehen *(stand up, get up)*
> *(We **get up** early in the morning.)*

> **Stehen** wir früh am Morgen **auf**?
> *(Do we **get up** early in the morning?)*
> ※ 分離動詞では前つづりにアクセントがある。他の品詞に転用されても同様である。
> áufstehen 立ち上がる　→ Áufstand 蜂起 / áufständisch 蜂起した

Was hilft aller Sonnenaufgang, wenn wir nicht **auf**stehen?
*(What good is all the sunrise, if we do not **get up**?)* (Lichtenberg)
※ 副文内では定動詞後置のため、分離動詞の前つづりと基礎動詞とは一体化する。

③ durch-, hinter-, über-, um-, unter-, voll-, wider-, wieder- の前つづりを伴う動詞は、分離動詞・非分離動詞のいずれにもなりうる。それぞれで意味が異なるが、一般に、分離動詞の方が前つづりの本来の意味を保持している。分離動詞では前つづりに、非分離動詞では基礎動詞にアクセントがある。

Die Grippe **geht** zurzeit **um**.
(It's now flu season.)

Ein Angsthase **umgeht** immer Probleme.
(A rabbit always keeps away from problems.)

Übung 1 次の文を見て、（　　）に日本語を、＿＿＿にドイツ語を補い、和訳しよう。
1-57

Wenn Hochmut aufgeht, geht das Glück unter.　＊諺

a. 文末の unter は前置詞ではない。（　　　）詞（目的語）を欠いているからである。これは（　　　　　）動詞の前つづりであり、この動詞の不定詞は＿＿＿＿＿＿＿＿＿＿＿＿である。

b. 従属接続詞に導かれる副文では、定動詞は末に位置する。Wenn 文の定動詞は＿＿＿＿＿＿＿＿である。この副文を独立させるなら、次のようになる。
　　Hochmut ＿＿＿＿＿＿＿＿＿＿＿＿＿＿＿＿＿＿＿＿.

訳

Übung 2 和訳しよう。
1-58

1. Der Aberglaube ist ein Kind der Furcht, der Schwachheit und der Unwissenheit.
(Friedrich der Große)

2. Der Hass hat kein Bedenken und die Waffe kein Gewissen. *(Carl Spitteler)*

3. Die Wahrheit triumphiert nie, ihre Gegner sterben nur aus. *(Max Planck)*

4. Jedem Anfang wohnt ein Zauber inne. *(Hermann Hesse)*

5. Die Macht geht vom Volke aus, aber wann kehrt sie zum Volke zurück? *(Ernst Fischer)*

6. Alle Dinge sind schwer, bevor sie leicht werden.　＊諺

7. Liebe trägt die Seele, wie die Füße den Leib tragen. *(Katharina von Siena)*

8. Wenn der Teufel mit Bettlern Streit anfängt, so verliert er.　＊諺
　※ so は wenn 文をうけている。

9. Wir lernen aus Erfahrung, dass die Menschen nicht aus Erfahrung lernen. *(Bernard Shaw)*

10. Es ist unbegreiflich, dass Gott ist und unbegreiflich, dass er nicht ist. *(Pascal)*

Lektion 5　　Teil 2

🎧 **1** 接続詞の補足説明
1-59
① 接続詞の中には、特定の語を伴うものがある。一種の慣用表現として覚えよう。

>　Das Ziel der Bildung ist **nicht** Wissen, **sondern** Handeln. (⇨ S.12 **1** ①)
>　*(The great aim of education is **not** knowledge **but** action.) (Herbert Spencer)*

>　Wissen ist **nicht nur** Macht, **sondern auch** Freiheit.
>　*(Knowledge is **not only** power **but also** freedom.) (Turgenjew)*

>　Jede Arbeit kostet Schweiß — **entweder** der Stirn **oder** dem Geiste.
>　*(Every work costs sweat — **either** on the forehead **or** in the mind.) (Bischof Hall)*

>　Die Kinder kennen **weder** Vergangenheit **noch** Zukunft.
>　*(Children have **neither** past **nor** future.) (La Bruyère)*

>　Diese Welt ist **sowohl** schön **als [auch]** ewig.
>　*(This world is **both** beautiful **and** eternal.)*

② wenn は、副文内の定動詞の移動により省略できる。

>　**Kommt** der Ruhm, verschwindet das Gedächtnis.
>　←　*Wenn* der Ruhm **kommt**, verschwindet das Gedächtnis.
>　　　*(When fame and success come, memory disappears.)* ＊諺

③ 副文が前置詞の目的語にあたるとき、前置詞は〔da[r]-前置詞〕の融合形となる。子音で始まる前置詞との融合では〔da-前置詞〕と、母音で始まる前置詞との融合では〔dar-前置詞〕となる。この da- は副文を指している。

>　Unser Wert besteht **darin**, *dass wir da sind.* (⇨ S.16 **2** ⑥)
>　*(Our value consists in this, that we are.)*

>　Ruhm ist der Beweis **dafür**, *dass die Menschen leichtgläubig sind.*
>　*(Fame is proof that people are gullible.) (Emerson)*

🎧 **2** 分離動詞と非分離動詞の補足説明
1-60
① 副文内などでは、それだけで分離動詞・非分離動詞のいずれであるかが判断できないことがあるので注意しよう。以下の２つの umgeht を例にとると、前者は目的語を欠くので自動詞である。辞書をひくと、自動詞の umgehen は分離動詞で「流行る」を意味することが分かる。後者は目的語を持つので他動詞である。辞書をひくと、他動詞の umgehen は非分離動詞で「避ける」を意味することが分かる。ここでは、目的語の有無が判断の決め手となっている。

>　Es ist offensichtlich, dass die Grippe zurzeit úmgeht.
>　←　Die Grippe geht zurzeit um. (⇨ S.19 **2** ③)
>　Es ist offensichtlich, dass ein Angsthase immer Probleme umgéht.
>　←　Ein Angsthase umgeht immer Probleme. (⇨ S.19 **2** ③)

② 伝統的正書法では、前つづりが基礎動詞と結びつく傾向にあった。

      kennen lernen　知りあう　←　（伝）kennen|lernen

      Acht geben　　　注意する　←　（伝）acht|geben

③ 前つづりや接頭辞などが複数あることもある。アクセントにも注意しよう。

      an|**er**kennen 承認する　　　*auf*|**er**stehen 復活する　　　*herab*|fallen 落ちてくる

Übung 1　次の文を見て、（　　）に日本語を、＿＿にドイツ語を補い、和訳しよう。

1-61

    Sündigen heißt das Gesetz Christi übertreten. *(Frank Thiess)*

a.　この文の定動詞は＿＿＿＿＿＿である。＿＿＿＿＿＿＿と übertreten は不定詞である。

b.　この文の übertreten は分離動詞・非分離動詞のいずれであろうか。この übertreten は das Gesetz Christi という（　　　　）語をもつ他動詞として使われている。辞書をひくと、他動詞の übertreten は（　　　　）動詞であり、（　　　　　　　　）を意味する。

c.　Christi は、辞書をひくと、＿＿＿＿＿＿＿の２格である（⇨ S.12 **3**）。

訳

Übung 2　和訳しよう。

1-62

1.　Nicht für die Schule, sondern für das Leben lernen wir. *(Seneca)*

2.　Einen Fehler eingestehen ist keine Schwäche, sondern Stärke. *(Franziska Maier-Höfferin)*

3.　Jede Krise hat nicht nur ihre Gefahren, sondern auch ihre Möglichkeiten. *(Martin Luther King Jr.)*

4.　Nach Canossa gehen wir nicht, weder körperlich noch geistig. *(Bismarck)*
　　※ nach Canossa gehen 「屈服する」

5.　Die Kunst ist zwar nicht das Brot, wohl aber der Wein des Lebens. *(Jean Paul)*

6.　Kommt Zeit, kommt Rat.　＊諺

7.　Ein Schein von Tiefe entsteht oft dadurch, dass ein Flachkopf zugleich ein Wirrkopf ist. *(Karl Kraus)*

8.　Glück ist das Wissen darum, dass du nicht notwendigerweise Glück brauchst. *(William Saroyan)*

9.　Leben heißt, mit der Zeit richtig umgehen. *(Bruce Lee)*

10.　Überlegen macht überlegen. *(Saint-Exupéry)*

1 人称代名詞

1-63

ich, du, er, es, sie, wir, ihr, sie, Sie を**人称代名詞**という。人称代名詞も一般名詞と同様に４つの格を持つ（⇨ S.6 **2**）。その格変化は次の通りである。

sg.							
	1格	ich *(I)*	du *(you)*	Sie *(you)*	er *(he)*	es *(it)*	sie *(she)*
	2格	meiner	deiner	Ihrer	seiner	seiner	ihrer
	3格	mir	dir	Ihnen	ihm	ihm	ihr
	4格	mich	dich	Sie	ihn	es	sie
pl.	1格	wir *(we)*	ihr *(you)*	Sie *(you)*		sie *(they)*	
	2格	unser	euer	Ihrer		ihrer	
	3格	uns	euch	Ihnen		ihnen	
	4格	uns	euch	Sie		sie	

※ er, seiner, ihm, ihn は男性名詞を、es, seiner, ihm, es は中性名詞を、sie, ihrer, ihr, sie は女性名詞をうける。名詞の性は文法上のものであり、自然の性とは関係がない。

※ 直接目的語・間接目的語の語順は次のようになる。

Ludwig schreibt der Dame einen Brief.　　*(Ludwig will write the lady a letter.)*
Ludwig schreibt ihr　　　　 einen Brief.　　人称代名詞が名詞に先行する。
Ludwig schreibt ihn　　　　 der Dame.　　　人称代名詞が名詞に先行する。
Ludwig schreibt ihn　　　　 ihr.　　　　　　人称代名詞が連続するなら、４格＋３格。

2 再帰代名詞

1-64

主語と同一のものが目的語となるときに使う代名詞を**再帰代名詞**という（英語の *himself* などにあたる）。その格変化は次の通りである。

sg.							
	2格	meiner	deiner	Ihrer [selbst]	seiner selbst	seiner selbst	ihrer selbst
	3格	mir	dir	**sich**	**sich**	**sich**	**sich**
	4格	mich	dich	**sich**	**sich**	**sich**	**sich**
pl.	2格	unser	euer	Ihrer [selbst]		ihrer selbst	
	3格	uns	euch	**sich**		**sich**	
	4格	uns	euch	**sich**		**sich**	

※ 辞書には、sich の３格は sich[3]、４格は sich[4] などと記されている。

※ 再帰代名詞は３人称（と、３人称複数の転用の２人称敬称（⇨ S.2 **1** ※））においてのみ、人称代名詞と異なる sich となる。１・２人称で再帰代名詞が人称代名詞と同形であるのは、それが何を指すかに関して、誤解が生じないからである。

　　In der Krise beweist **sich** *der Charakter*.（× ihn）
　　*(In the crisis, the character proves **itself**.) (Helmut Schmidt)*

　　Wenn wir nur für Geld und Gewinn arbeiten, bauen *wir* **uns** ein Gefängnis.
　　*(When we work with the exclusive aim to acquire material goods, we build **ourselves** our prison.) (Saint-Exupéry)*

★ 代名詞も名詞であり、主に、主語・目的語・補語として働く。Sie, Ihrer, Ihnen, Sie 以外は小文字で始まるが、主語・目的語・補語を探すときに、代名詞を見おとさないよう注意しよう。

🎧 **3 不定代名詞**

不特定のものを指す代名詞を**不定代名詞**という。不定代名詞のうち、man *(man)*, etwas *(something)*, nichts *(nothing)*, viel[es] *(many, much)*, wenig[es] *(few, little)* はそのまま使われるが、jedermann *(everybody)*, jemand *(somebody)*, niemand *(nobody)* は次のように格変化する。

1	jedermann	jemand	niemand
2	jedermanns	jemand[e]s	niemand[e]s
3	jedermann	jemand[em]	niemand[em]
4	jedermann	jemand[en]	niemand[en]

※ viel, wenig は形容詞や副詞としても使うので注意しよう。

Man hat nur Angst, wenn man mit sich selber nicht einig ist.

(Man is troubled by anxiety only when not in accord with himself.) *(Hermann Hesse: Demian)*

※ man は常に1格であり、繰りかえしでも man を使う。
※ selber や selbst には、先行する名詞を強調して、「〜自身」を意味する用法もある（⇔ S.15 Übung 3 - 3.）。

🎧 **Übung 1** 次の文を見て、（　）に日本語を、＿＿にドイツ語を補い、和訳しよう。

Wir vergessen unsere Fehler schnell, wenn außer uns niemand von ihnen weiß. *(La Rochfoucauld)*

a. 副文内の定動詞は＿＿＿＿＿＿＿である。

b. 副文内には3つの代名詞が見られるが、前置詞を欠く＿＿＿＿＿＿＿が副文内の主語である。

c. ihnen は（　）格である。（　）数名詞の＿＿＿＿＿＿＿をうけている。3人称の人称代名詞を見たときは、それが何をうけるかに注意しよう。

訳

🎧 **Übung 2** 和訳しよう。

1. Die Geschichte lehrt die Menschen, dass die Geschichte die Menschen nichts lehrt. *(Gandhi)*

2. Der Mensch ist nichts als ein Rohr. *(Pascal)*
   ※ nichts als ... 「〜以外の何ものでもない」

3. Jedermann klagt über sein Gedächtnis, niemand über seinen Verstand. *(La Rochefoucauld)*

4. Ich träume, hoffentlich weckt mich niemand auf. *(Alexander Radulescu)*

5. Der Kampf gefällt uns und nicht der Sieg. *(Pascal)*

6. Das Glück trennt die Menschen, aber das Leid macht sie zu Brüdern. *(Peter Rosegger)*

7. Kinder brauchen Liebe — besonders, wenn sie sie nicht verdienen. *(Henry David Thoreau)*

8. Du bist nicht für das Universum verantwortlich: du bist verantwortlich für dich selbst. *(Arnold Bennet)*

9. Freiheit ohne Selbstbeschränkung zerstört sich selbst. *(Marion Gräfin Dönhoff)*

10. Das Gefühl von Gesundheit erwirbt man sich nur durch Krankheit. *(Lichtenberg)*

Lektion 6　Teil 2

🎧 **1** 人称代名詞の補足説明

1-68

① **物**を指す人称代名詞は、前置詞の目的語となるとき、前置詞と融合して〔da[r]-前置詞〕となることがある（⇨ S.20 **1** ③）。この da- は人称代名詞を指している。

> Erfahrung nutzt gar nichts, wenn man keine Lehren **daraus** zieht. ← aus ihr
> *(Experience is useless unless the right conclusions are drawn **from it**.) (Friedrich der Große)*

② 前置詞の gegenüber（⇨ S.14 **1** ②, S.16 **1** ③）は、目的語として代名詞を伴うとき、常に後置される。

> Er ist ***ihr* gegenüber** sehr tolerant.
> *(He is very tolerant **towards her**.)*

③ 人称代名詞の２格は、動詞・前置詞などにより慣用表現として必要とされる。所有を意味するわけではないことに注意しよう（⇨ S.6 **2**）。

> Clara gedenkt **seiner**. ← Clara gedenkt **des Mannes**.
> *(Clara remembers **him**.)*
>
> Sie spielt statt **seiner** Klavier. ← Sie spielt statt **des Mannes** Klavier.
> *(She plays the piano instead of **him**.)*

🎧 **2** 再帰代名詞の補足説明

1-69

① 再帰代名詞と慣用的に結びついた動詞を**再帰動詞**という。再帰動詞は、辞書には、再 や 再帰、r., relf. などと記されている。

> Die Zeiten **ändern sich** und wir **ändern uns** mit ihnen. ← sich⁴ ändern 変わる
> *(Times **change**, and we **change** with them.) (Ovid)*

② 再帰動詞には、特定の前置詞を伴うものもある。

> Er erinnert sich an seine Jugend.
> *(He remembers his youth.)*
> ← sich⁴ an et⁴ erinnern 思い出す
>
> Er freut sich auf das Konzert.
> *(He is looking forward to the concert.)*
> ← sich⁴ auf et⁴ freuen （将来の何か）を楽しみに待つ
>
> Sie freut sich über seinen Erfolg.
> *(She is pleased with his success.)*
> ← sich⁴ über et⁴ freuen （すでに起こった何か）を喜ぶ
>
> Er interessiert sich für das Lied des Vögleins.
> *(He is interested in the song of birds.)*
> ← sich⁴ für et⁴ interessieren ～に関心を持つ
>
> Er irrt sich immer in der Zeit.
> *(He always makes mistakes with the time.)*
> ← sich⁴ in et³ irren ～を間違える

③ sich には、「お互い」を意味する相互代名詞としての用法もある（相互代名詞であることを明確に示すときは gegenseitig がつく）。本来の相互代名詞である einander を使ってもよい。

> Wenn Wissen und Gelassenheit **sich gegenseitig** ergänzen, entstehen Harmonie und Ordnung.
> *(When knowledge and calmness blend and nourish **each other**, harmony and order emerge from one's inner core.) (Zhuangzi)*

> Liebe und Freundschaft schließen **einander** aus.
> *(Love and friendship exclude **each other**.) (La Bruyère)*
> ※ 前置詞を伴う相互代名詞は〔前置詞-einander〕となる。
>> Lügen und Stehlen gehen **miteinander**.
>> *(Lying and stealing go hand in hand.)* ＊諺

④ 主語をうけるわけではない sich もあるので注意しよう。

> Die Verantwortung für **sich selbst** ist die Wurzel jeder Verantwortung.
> *(Responsibility for **oneself** is the root of all responsibility.) (Mengzi)*

🎧 **Übung 1** 次の文を見て、（　　）に日本語を、＿＿にドイツ語を補い、和訳しよう。
1-70

Das Alter ist nicht trübe, weil darin unsere Freuden, sondern weil unsere Hoffnungen aufhören. *(Jean Paul: Titan)*

a. weil は（　　　　　　　）詞であり、その副文末には（　　　　　）詞が位置するはずである。しかし、最初の weil 文の末に位置するのは Freuden という名詞である。ここには、繰りかえしを避けるための省略がある。Freuden の後には＿＿＿＿＿＿＿＿＿＿＿が省略されている。

b. 〔nicht A, sondern B〕は英語の〔not A but B〕にあたり、A と B とには同様の要素が入る。しかし、この文には、同様の要素が見られない。これも省略のためである。sondern の後には＿＿＿＿＿＿＿＿＿が省略されている。また、sondern weil の後には＿＿＿＿＿＿が省略されている。

c. darin は前置詞の融合形であり、da- が指しているのは＿＿＿＿＿＿＿＿＿である。前置詞の融合形を見たときには、代名詞と融合したものか、副文を伴うものか（⇨ S.20 **1** ③）を区別しよう。

訳

🎧 **Übung 2** 和訳しよう。
1-71

1. Nicht das Alter ist das Problem, sondern unsere Einstellung dazu. *(Cicero)*
2. Der Mensch liebt endlich die Mittel um ihrer selbst willen und vergisst sie als Mittel. *(Nietzsche)*
3. Zur Lebenskunst gehört, dass man auch sich selbst gegenüber höflich ist. *(Jean Paul)*
4. Größe und Demut schließen einander nicht aus. *(Wilhelm Dilthey)*
5. Wenn zwei Leute sich lieben, bleiben sie jung füreinander. *(Paul Ernst)*
6. Ich weiß nicht, ob die Geschichte sich wiederholt: Ich weiß nur, dass die Menschen sich wenig ändern. *(Octavio Paz)*
7. Tapferkeit sehnt sich nach Gefahr! *(Seneca)*
8. Ein Abschied schmerzt immer, auch wenn man sich schon lange darauf freut. *(Arthur Schnitzler)*
9. Sich regen bringt Glück. ＊諺
10. Altern heißt, sich über sich selbst klar werden und sich beschränken. *(Beauvoir)*

🎧 **1** 助動詞 werden
1-72

werden（⇨ S.3 **3**）は本来は助動詞である。人称変化して、不定詞（句）と一緒に使われる。平叙文では、**定動詞である助動詞が第 2 位に、不定詞である本動詞が文末に位置する。**

> Ich **werde** eine Legende *sein*.　　← 不定詞句：eine Legende *sein* **werden**
> (*I **will** be a legend.*)

① 助動詞 werden の主な用法は意志・推量である。（未来は現在形で表現する（⇨ S.3 Fußnote）。）

> Ich **werde** kein Rockstar *sein*. Ich **werde** eine Legende *sein*.
> (*I **won't** be a rock star. I **will** be a legend.*) (*Freddie Mercury*)

② 助動詞を伴うとき、分離動詞（⇨ S.18 **2** ②）は分離しない。

> Die Sonne **wird** morgen *aufgehen*.　　← 不定詞句：auf|gehen werden
> (*The sun **will** rise tomorrow.*)

③ 助動詞も定動詞である以上、副文内では末に位置する（定動詞後置）。（⇨ S.18 **1** ②）

> Dass die Sonne morgen *aufgehen* **wird**, ist eine Hypothese.
> (*It is an hypothesis that the sun **will** rise tomorrow.*) (*Wittgenstein*)

🎧 **2** 話法の助動詞
1-73

欲求・推測・許可といった主観的なニュアンスなどを示すために使う助動詞を話法の助動詞という。話法の助動詞も人称変化して定動詞となり、平叙文では第 2 位に位置する。不定詞を文末に伴う助動詞としての用法のみならず、不定詞を伴わない本動詞としての用法もある。話法の助動詞とその現在人称変化は次の通りである。

	können (*can*)	müssen (*must*)	dürfen (*may*)	mögen (*may, like*)	sollen (*shall*)	wollen (*will*)
ich	**kann**	**muss**	**darf**	**mag**	**soll**	**will**
du	**kannst**	**musst**	**darfst**	**magst**	**sollst**	**willst**
er	**kann**	**muss**	**darf**	**mag**	**soll**	**will**
wir	können	müssen	dürfen	mögen	sollen	wollen
ihr	könnt	müsst	dürft	mögt	sollt	wollt
sie	können	müssen	dürfen	mögen	sollen	wollen

① können「～できる」「～かもしれない」

> Niemand kann dem Tod entlaufen.　　(*No one can escape death.*)　＊諺
> Ich kann Deutsch.　　(*I know German.*)
> Die Meldung kann wahr sein.　　(*The news may be true.*)
> 　⇔ Die Meldung kann nicht falsch sein. (*The news cannot be false.*)

② müssen「～しなければならない」「～に違いない」

> Die Leidenschaft flieht, die Liebe muss bleiben.
> (*Passion will fly! Love must remain.*) (*Schiller*)
> Die Wahrheit musst du ihm nicht sagen.　(*You don't have to tell him the truth.*)
> ※ この文は、文脈によっては、*You must not tell him the truth.* と解することもできる。
> Die Meldung muss wahr sein.　　(*The news must be true.*)

③ dürfen「～してよい」「(否定文で)～してはならない」
　　Darf ich hier rauchen?　　　　　　　　　(May I smoke here?)
　　Das Recht darf nicht zur Vogelscheuche werden.
　　(We must not make a scarecrow of the law.) (Shakespeare)

④ mögen「(否定文で)～したくない」「～を好む」「～かもしれない」
　　Ich mag meine Zeit nicht verschwenden. (I do not like to waste my time.)
　　Mögen Sie Brahms?　　　　　　　　　(Do you like Brahms?)
　　Sie mag vierzig Jahre alt sein.　　　　(She may be forty years old.)

⑤ sollen「～べきである」「～といううわさだ」(主語以外の意志)
　　Das Alter soll man ehren.　　　　　　(Honor the old.) (Bibel)
　　Er soll sehr tüchtig sein.　　　　　　(They say that he is very brilliant.)

⑥ wollen「～したい」「～と主張している」(主語の意志)
　　Fische wollen schwimmen.　　　　　(Fish will swim.)　*諺
　　Der Mann will Bankier sein.　　　　(The man insists that he is a banker.)

🎧 3 特殊な es
1-74
　　es には、形式的な主語・目的語などとして働く用法や、名詞のみならず、既出の内容を指すなどの用法もある。重要な慣用表現は暗記しておこう。
　　Es ist heute Donnerstag.　　　　　(It is Thursday today.)
　　Ab Montag schneit es in Bonn.　　(It has been snowing since last Monday in Bonn.)
　　Wie geht es Ihnen?　　　　　　　(How are you?)
　　Es gibt ein Maß in allen Dingen.　(There is a measure in all things.) (Horaz)
　　※ es gibt et⁴「～が存在する」
　　Fragen sind niemals indiskret, aber Antworten sind es manchmal.
　　(Questions are never indiscreet, answers sometimes are.) (Oscar Wilde)

🎧 Übung　和訳しよう。
1-75
1. Man soll das Eisen schmieden, solange es heiß ist.　*諺
2. Der Ruhm muss uns folgen, und nicht wir ihm. (Plinius d. Ä.)
3. Der Erfolg ist eine Folgeerscheinung, niemals darf er zum Ziel werden. (Flaubert)
4. Nur erst, wenn dir die Form ganz klar ist, wird dir der Geist klar werden. (Robert Schumann)
5. Man muss was sein, wenn man was scheinen will. (Beethoven)
　　※ was には、etwas としての用法もある (⇨ S.23 3)。
6. Ein Mensch kann viel ertragen, solange er sich selbst ertragen kann. (Axel Munthe)
7. Ich kann den Geist der Musik nicht anders fassen als in Liebe. (Richard Wagner)
　　※〔anders als ...〕は〔other than ...〕にあたる。als (than) が従属接続詞であることに注意しよう。
8. Wenn du sagst: „Ich kann nicht" — dann willst du nicht; wenn du willst, dann kannst du es. (Inayat Khan)
　　※ dann は wenn 文をうけている (⇨ S.19 Übung 2 - 8.)。
9. Es ist noch nicht aller Tage Abend. (Philipp von Mazedonien)
10. Zur Erforschung der Wahrheit bedarf es notwendig der Methode. (Descartes)

🎧 **1** 助動詞の補足説明

1-76

① ドイツ語の助動詞は重複できる。

> Wissen ist nicht genug; Wir **müssen** Wissen anwenden **können**. Der Wille allein reicht nicht; wir müssen handeln.
> *(Knowing is not enough, we must apply. Willing is not enough, we must do.)* *(Bruce Lee)*

② helfen *(help)*, lehren *(teach)*, lernen *(learn)* などは、助動詞と同様に、不定詞（句）を伴うことができる。この不定詞（句）は、helfen などの目的語にあたる。

> Die Maler begreifen die Natur und **lehren** uns *sie sehen*.
> *(Painters understand nature and love it, and **teach** us to see.)* *(van Gogh)*

③ sehen *(see)*, hören *(hear)*, fühlen *(feel)*, lassen *(let)* なども、不定詞（句）を伴うことができる。このような不定詞（句）を見たときは、その意味上の主語が何であるかを考えよう（英語の第5文型の知覚動詞・使役動詞を思いだそう (⇨S.9 Übung 1b.)）。

> Er **fühlt** sein Herz *schlagen*.   ←   Sein Herz *schlägt*.
> *(He **feels** his heart beat.)*
>
> Armut **lässt** den Menschen *vieles versuchen*.   ←   Der Mensch *versucht vieles*.
> *(Poverty **makes** people try many things.)* *(Publius Syrus)*

④ 〔sich + 不定詞 + lassen〕は「～される」「～されうる」を意味する。

> Liebe und Husten **lassen sich** nicht **verbergen**.
> *(Love and a cough **cannot be hid**.)* *(George Herbert)*

🎧 **2** 特殊な es の補足説明

1-77

① es を形式的な主語として用いる動詞のなかには、前置詞を伴うものもある。重要な慣用表現は暗記しておこう。

> Es geht um Freude an der Arbeit.
> *(There is joy in work.)* *(Henry Ford)*
> ※ es geht um j⁴ / et⁴ 「～が問題である」「～が重要である」

② そのままでは文頭に欠落が生じるとき、これを避けるために es を使う。

> *Es* vergeht die Zeit — die Liebe bleibt.
> *(Time flies, love remains.)* ＊諺

③ 生理的感覚・心理的感覚を表わすときの主語にも es を使う。この es は文頭以外では省略されることが多い。

> Es hungert mich. / Mich hungert.
> *(I am hungry.)*

★ **1** ③のような不定詞を含む文では、主文の主語・動詞の他に1つの文を考えると分かりやすい。このとき、「…が～するのを見る・聞く・感じる」や「…が～するようにする（…に～させる）」という訳が適切なことが多い。

Übung 1 次の文を見て、（　　）に日本語を、＿＿にドイツ語を補い、和訳しよう。

Es bildet ein Talent sich in der Stille,
Sich ein Charakter in dem Strom der Welt. *(Goethe: Torquato Tasso)*

a. この文の定動詞は＿＿＿＿＿＿＿である。1 行目の名詞のうち、＿＿＿＿＿＿と＿＿＿＿＿は、その主語の候補から外される。前者は再帰代名詞であり、（　　　）格にはならないからであり、後者は（　　　　）詞と結びついているからである。

b. Talent は（　　）性名詞であるため、4 格にも見える。しかし、そのときには、es が主語、sich がその目的語とならねばならないが、それでは文意が不明である。Talent が 1 格であるなら、„ein Talent bildet sich" という文が成立する。このとき、sich は（　　　）格である。いまだ es が問題だが、文頭の（　　　　　）を避けるための es を想起するなら、この問題も解決する。

c. この文は戯曲であるため、2 行目の文頭が大文字となっている。2 行目は 1 行目と対となっている。それゆえ、2 行目には、＿＿＿＿＿＿＿が省略されていると考えられる。

訳

Übung 2 次の文を見て、（　　）に日本語を、＿＿にドイツ語を補い、和訳しよう。

Alt werden heißt sich selbst ertragen lernen. *(Hans Kudszus)*

a. この文の定動詞は＿＿＿＿＿＿＿＿である。それゆえ、＿＿＿＿＿＿＿＿と＿＿＿＿＿＿＿＿、＿＿＿＿＿＿＿＿は不定詞である。

b. 主語候補が幾つか挙げられるとき、形式や意味で問題がなければ、最初のものが主語である。ここでは＿＿＿＿＿＿＿＿＿＿＿が主語である。

c. sich selbst は不定詞＿＿＿＿＿＿＿の目的語である。（　　　　　　　　）と訳する(⇨ S.25 **2** ④)。

d. ＿＿＿＿＿＿＿＿＿＿＿＿＿＿＿＿は、他動詞（不定詞）lernen の目的語にあたる。

e. ＿＿＿＿＿＿＿＿＿＿＿＿＿＿＿＿＿＿は、自動詞 heißt の補語にあたる。

訳

Übung 3 和訳しよう。

1. Die Zukunft soll man nicht voraussehen wollen, sondern möglich machen. *(Saint-Exupéry)*
2. Geduld hilft Bürden tragen.
3. Erfahrung und Übung im Unglück lehrt schweigen. *(Johann Peter Hebel)*
4. Wer bist du? Ich sehe dich deines Weges gehen. *(Nietzsche)*
5. Freude an der Arbeit lässt das Werk trefflich geraten. *(Aristoteles)*
6. Erfahrung ist wie die Sonne: Sie lässt Blüten welken, aber Früchte reifen. *(Salvador Dali)*
7. Ein Urteil lässt sich widerlegen, aber niemals ein Vorurteil. *(Ebner-Eschenbach)*
8. Bei Wahlen geht's um Mehrheiten, nicht um Wahrheiten. *(Werner Mitsch)*
   ※ geht's = geht es
9. Auch bei der Selbstkritik kommt es auf die Dosis an. *(Quadbeck-Seeger)*
10. Es irrt der Mensch, solang er strebt. *(Goethe)*

Lektion 8 　　Teil 1

🎧 1 zu 不定詞
1-81

　zu 不定詞は、英語の to 不定詞にあたり、文中で名詞・形容詞・副詞にあたる働きをする。zu 不定詞は zu 不定詞句内で末に位置する。（⇨ S.2 **2** ①）

不定詞（句）		zu 不定詞（句）
gehen (go)	→	**zu** gehen
ins Theater gehen	→	ins Theater **zu** gehen
gehen können	→	gehen **zu** können（助動詞の zu 不定詞句）
vergehen (pass)	→	**zu** vergehen（非分離動詞の zu 不定詞句）
ausgehen (go out)	→	aus**zu**gehen（分離動詞の zu 不定詞句）

① 名詞的用法：主語・補語・目的語にあたる働きをする。
　　Zu leben heißt **zu kämpfen**. (⇨ S.4 **2** ①)
　　*(**To live** is **to fight**.)* (Seneca)

　　Einem Krebs können wir nicht beibringen, **gerade zu gehen**.
　　*(You cannot teach a crab **to walk straight**.)* (Aristophanes)

　　Recht ist *es*, **auch vom Feinde zu lernen**. 〔es = zu 不定詞（句）〕(⇨ S.18 **1** ②※)
　　*(**It**'s right **to learn**, even from the enemy.)* (Ovid)

② 形容詞的用法：名詞を後から修飾する。
　　Phantasie ist *die Fähigkeit,* **in Bildern zu denken.**
　　*(Fantasy is the capacity **to think in images.**)* (Ernst Hohenemser)
　　※ 抽象名詞に続く zu 不定詞（句）は形容詞的用法であることが多い。

③ 副詞的用法：動詞や文などを修飾する。um *(in order to)*, ohne *(without -ing)*, [an]statt *(instead of -ing)* のいずれかを伴う。この um, ohne, [an]statt は格支配しない。
　　Man muss etwas sein, **um** etwas **zu** machen.
　　*(A person must be something **in order to** do something.)* (Goethe)

　　Konversation ist die Kunst zu reden, **ohne zu denken**.
　　*(Conversation is the art of speaking **without thinking**.)* (Viktor de Kowa)

　　Du klagst, **anstatt zu danken.**
　　*(**Instead of thanking,** you complain.)* (Goethe: Torquato Tasso)

④ zu 不定詞句は原則として、コンマで他の部分と区別する。ただし、他の要素を持たない zu 不定詞や、文頭で主語にあたる働きをする zu 不定詞句では、通常、コンマは使わない。この点に注意して、もう 1 度、上の文を見てみよう。

🎧 2 命令形
1-82

　命令・懇願をするときの動詞の形を**命令形**という。**Sie, ihr の命令形は現在人称変化と同形**（⇨ S.2 **1**）、**du の命令形は〔語幹-[e]〕**（-e は省略可能）である。命令文には通常は感嘆符（!）がつくが、終止符（.）の場合もある。なお、du, ihr の命令文は主語を欠く。

① 一般動詞の命令文は次の通りである。
　　Sie 　→ 　**Eilen** Sie langsam!
　　ihr 　→ 　**Eilt** langsam!
　　du 　→ 　**Eil[e]** langsam! *(Make haste slowly.)* (Augustus)

② sein の命令文は次の通りである。

    Sie → **Seien** Sie ruhig! *(Be quiet.)* (⇨ S.62 **1** ①)

    ihr → **Seid** ruhig!

    du → **Sei** ruhig!

🎧 **Übung 1** 次の文を見て、（　　）に日本語を、＿＿にドイツ語を補い、和訳しよう。
1-83

Es ist fast unmöglich, die Fackel der Wahrheit durch ein Gedränge zu tragen, ohne jemandem den Bart zu sengen. *(Lichtenberg)*

a. この文においては、＿＿＿＿＿が定動詞、Es が主語、＿＿＿＿＿＿＿が補語である。

b. 第 1 の zu 不定詞句のなかでは、＿＿＿＿＿＿＿＿＿＿＿＿＿が tragen の目的語である。〔前置詞＋名詞〕の＿＿＿＿＿＿＿＿＿＿＿＿＿は＿＿＿＿＿＿を修飾している。このように、zu 不定詞句には、主語を除いた 1 つの文が含まれることに注意しよう。

c. zu 不定詞（句）を見たときは、それが主文内においてどのような働きをしているかを考えなくてはならない。主文の直後の zu 不定詞句は、＿＿＿や＿＿＿＿＿、＿＿＿＿＿に続くわけではないので副詞的用法ではない。修飾すべき（　　）詞を前に持つわけではないので、形容詞的用法でもない。名詞的用法ならば、通常、主語か目的語、補語にあたる働きをするが、この主文は〔主語＋定動詞＋補語〕として完結し、それ以外の主語や目的語、補語を必要としていない。とはいえ、Es は主語であっても形式上のものであると考えられる。第 1 の zu 不定詞句は、主語にあたる働きをする（　　）詞的用法である。

d. この文の第 2 の zu 不定詞句は＿＿＿＿＿を前に持つため、副詞的用法である。意味から考えて、＿＿＿＿＿＿を修飾している。この不定詞句では、＿＿＿＿＿＿＿＿が sengen の目的語である。3 格の＿＿＿＿＿＿＿＿は、直後の名詞から考えて、その（　　）者を意味している（⇨ S.11 **4** ②）。

訳

🎧 **Übung 2** 和訳しよう。
1-84

1. Der Mensch kann nicht bestehen, ohne etwas anzubeten. *(Dostojewski)*
2. Man muss schon etwas wissen, um verbergen zu können, dass man nichts weiß. *(Ebner-Eschenbach)*
3. Humor ist die Fähigkeit, heiter zu bleiben, wenn es ernst wird. *(Ernst Penzoldt)*
4. Ein Kind zu erziehen ist leicht. Schwer ist nur, das Ergebnis zu lieben. *(Werner Schneyder)*
5. Es ist keine Schande, nichts zu wissen, wohl aber, nichts lernen zu wollen. *(Platon)*
6. Tatsachen hören nicht auf zu bestehen, nur weil man sie ignoriert. *(Aldous Huxley)*
7. Sag eine Lüge, so hörst du die Wahrheit. ＊諺
　　※ 命令文は、so が後続するとき、条件を表わす。(⇨ S.19 Übung 2 - 8.)
8. Nütze die Zeit aus. *(Ovid)*
9. Der Weg zum Erfolg führt bergauf. Versucht deshalb nicht, Geschwindigkeitsrekorde aufzustellen. *(Arthur Phelps)*
10. Nehmen Sie die Menschen, wie sie sind. *(Konrad Adenauer)*

Lektion 8 〔Teil 2〕

🎧 **1 zu 不定詞の補足説明**
1-85

① 〔zu ~, um ... zu 不定詞〕は英語の〔too ~ to 不定詞〕に、〔genug, um ... zu 不定詞〕は英語の〔enough to 不定詞〕にあたる。なお、この um は省かれることがある。

Ich bin *zu alt,* **um** nur **zu** spielen, *zu jung,* **um** ohne Wunsch **zu** sein.
*(I am **too** old only **to** play, **too** young **to** be without hope.) (Goethe: Faust)*

Wir haben gerade Religion *genug*, **um** einander **zu hassen**, aber nicht *genug*, **um** einander **zu lieben**.
*(We have just **enough** religion **to** make us hate, but not **enough to** make us love one another.) (Jonathan Swift)*

Ich weiß um den Hass und Neid eures Herzens. Ihr seid nicht *groß genug*, **um** Hass und Neid nicht **zu kennen**. So seid denn *groß genug*, euch ihrer nicht **zu schämen**!
*(I know the hatred and envy of your hearts. Ye are not **great enough** not **to know** of hatred and envy. Then be **great enough** not **to be ashamed** of them!) (Nietzsche: Also sprach Zarathustra)*

② 〔**zu 不定詞 + sein**〕は、「～されるべき」「～されうる」を意味する（コンマなし）。

Niemand **ist** vor seinem Tod glücklich **zu preisen**.
*(Nobody **should be called** happy before his death.) (Solon)*

③ コンマを使わずに、zu 不定詞（句）を伴うことができる動詞がある（辞書参照）。

Man **braucht** vor dem Leben keine Angst **zu haben**. Man muss es nur verstehen.
(Nothing in life is to be feared, it is only to be understood.) (Marie Curie)

④ zu 不定詞（句）が前置詞の目的語にあたるとき、前置詞は融合形の〔da[r]-前置詞〕となる。この da- は zu 不定詞（句）を指している。(⇨ S.20 **1** ③)

Fortschritt besteht wesentlich *darin*, **fortschreiten zu wollen**.
(A great part of progress consists in the desire to make progress.) (Seneca)

🎧 **2 du の命令形の補足説明**
1-86

① -er で終わる語幹につく命令形語尾 -e は省かない。語幹の -e- は落ちることがある。(⇨ S.4 **1** ※3)

Im Überlegen — eile nicht: Im Handeln — **zög[e]re** nicht. ← 不定詞：zögern
(In consideration — don't hurry. In action — don't hesitate.) ＊諺

② -el で終わる語幹につく命令形語尾の -e は省かない。語幹の -e- は落ちる。(⇨ S.4 **1** ※4)

Denke langsam, **handle** schnell.（× handele）   ← 不定詞：handeln
(Think slowly, act quickly.) ＊諺

③ -d, -t, -chn, -ffn, -tm などで終わる語幹につく命令形語尾の -e は省かない。(⇨ S.4 **1** ※6)

Bete und **arbeite**!
(Pray and work!) ＊諺

④ 現在人称変化で幹母音 e が i[e] となる動詞では (⇨ S.14 **2**)、命令形の幹母音も i[e] となり、語尾の -e はつかない。ただし、sehen の命令形 sieh には -e がつくことがあり、また、werden の命令形は werd[e] である。（現在人称変化で幹母音 e が ä となる動詞の命令形では幹母音はウムラウトしない。）

Stirb und **werde**!
(Die and Become!) (Goethe: West-östlicher Divan)

Übung 1 次の文を見て、（　　）に日本語を、＿＿にドイツ語を補い、和訳しよう。

Wir werden alt, wenn die Erinnerung uns zu freuen beginnt. Wir sind alt, wenn sie uns schmerzt. *(Peter Sirius)*

a. 第1文の副文の定動詞は＿＿＿＿＿＿＿＿である。この動詞は、自動詞としても他動詞としても使用されるが、ここでは、zu 不定詞句が目的語にあたる働きをするので、（　　）動詞として使用されている。なお、目的語にあたる zu 不定詞句は＿＿＿＿＿＿＿＿＿＿＿＿である。コンマがないと分かりにくいが、どこからどこまでが zu 不定詞句であるかに注意しよう。

b. 第1文と第2文とでは、主文の定動詞に対立が見られる。werden は（　　　　）を、sind は（　　　　）を表わしている。

訳

Übung 2 次の文を見て、（　　）に日本語を、＿＿にドイツ語を補い、和訳しよう。

Es gehört Mut dazu, sich seiner Angst zu stellen und sie auszuhalten. *(Hoimar von Ditfurth)*

a. この文の定動詞は、非分離動詞＿＿＿＿＿＿＿である。これは、分離動詞 dazugehören の一部であるようにも見える。しかし、そうだとすると、自動詞 dazugehören に、Mut や zu 不定詞句など複数の名詞（にあたるもの）が存在する理由が説明できない。

b. dazu は前つづりではなく、（　　　　）詞＿＿＿＿の融合形である。dazu の da- は、後続する zu（　　　　　　　）を指している。

c. 不定詞句 sich seiner Angst zu stellen の扱いには困るかもしれない。だが、辞書をひけば、再帰動詞 sich⁴ et³ stellen が見つかるはずである。これは（　　　　　　　　　）などと訳する。

d. 主語は＿＿＿＿＿＿であり、＿＿＿＿は文頭の欠落を避けるために使われている（⇨ S.28 **2** ②）。

訳

Übung 3 和訳しよう。

1. Vergeude keine Energie, verwerte und veredle sie. *(Wilhelm Ostwald)*
2. Hilf dir selbst, so hilft dir Gott! *諺
3. Willst du den Charakter eines Menschen erkennen, so gib ihm Macht. *(Lincoln)*
4. Darin besteht des Lebens Wert, nicht für sich allein zu leben. *(Menander)*
5. In der Politik geht es nicht darum, recht zu haben, sondern recht zu behalten. *(Konrad Adenauer)*
6. Ich bin zu schwach, um mich beugen zu können. *(Charles de Gaulle)*
7. Habe den Mut, deinen Ehrgeiz und deine Träume zu erfüllen: Denn Mut ist stark genug, Wunder zu bewirken. *(Goethe)*
8. Versuche gerade im Unglück Gleichmut zu bewahren. *(Horaz)*
9. Es ist gefährlich, über einen Witz zu lachen. Man bekommt ihn dann immer wieder zu hören. *(Danny Kaye)*
10. Auch wenn die Kräfte fehlen, ist doch der Wille zu loben. *(Ovid)*

🎧 **1** 動詞の 3 基本形
2-01

不定詞・過去基本形・過去分詞を、動詞の 3 基本形という。動詞は規則動詞と不規則動詞に分かれる。

① 規則動詞の過去基本形は〔語幹-te〕、過去分詞は〔ge-語幹-t〕となる。

不定詞	sag**en** (say)	auf|sag**en** (recite)	besag**en** (mean)	studier**en** (study)
過去基本形	sag**te**	sag**te** auf	besag**te**	studier**te**
過去分詞	**ge**sag**t**	auf**ge**sag**t** [1]	besag**t** [2]	studier**t** [2]

※ 1 分離動詞（⇨ S.18 **2** ②）の過去分詞は〔前つづり-**ge**-語幹-t〕となる。
※ 2 非分離動詞（⇨ S.18 **2** ①）や -ieren で終わる動詞（⇨ S.ii **3** ※）など、第 1 音節にアクセントのない動詞の過去分詞には ge- がつかない。（⇨ S.4 **1** ※ 2）

② 不規則動詞の過去基本形・過去分詞については、そのつど辞書を参照しよう。また、以下のような重要な不規則動詞の 3 基本形は暗記しておこう。

不定詞	sein (be)	haben (have)	werden (become)	lesen (read)
過去基本形	**war**	**hatte**	**wurde**	**las**
過去分詞	**gewesen**	**gehabt**	**geworden**	**gelesen**

🎧 **2** 過去人称変化
2-02

過去基本形は人称語尾を伴って定動詞となる。人称変化は次の通りである。（⇨ S.2 **1**）

過去基本形	liebte (← lieben)	war (← sein)	hatte (← haben)
ich　−□	liebte [2]	war	hatte
du　− **st**	liebte**st** [2]	war**st** [3]	hatte**st** [3]
er　−□	liebte [2]	war	hatte
wir　− **en**	liebte**n** [1,2]	war**en** [3]	hatte**n** [1,3]
ihr　− **t**	liebte**t** [2]	war**t** [3]	hatte**t** [3]
sie　− **en**	liebte**n** [1,2]	war**en** [3]	hatte**n** [1,3]

※ 1 -e で終わる過去基本形において、wir と sie の人称語尾は -n となる。-e は重ねない。（× liebte**en**）
※ 2 過去人称変化した規則動詞を辞書でひくときは、-te, -test, -ten, -tet をとり、-en をつけて不定詞にしよう。
※ 3 過去人称変化した不規則動詞を辞書でひくときは、-st, -[e]n, -t をとって過去基本形にしよう。

🎧 **3** haben を用いた完了時称
2-03

①〔過去分詞 ＋ haben〕で完了時称となる。平叙文では、**haben の定動詞が第 2 位に、過去分詞が文末に位置する**。現在人称変化した haben を使うときは、**現在完了**の文となり、現在における完了・結果・経験を示す。

Er **hat** den Roman **gelesen**.　←　不定詞句：gelesen haben
(*He **has read** the novel.*)
※〔過去分詞 ＋ 現在人称変化した haben〕には、英語と異なり、過去を示す用法もある。そのため、過去を表わす副詞と一緒に使われることもある。
Gestern **hat** er den Roman **gelesen**.
(*Yesterday, he **read** the novel.*)

②〔過去分詞 ＋ 過去人称変化した haben〕で**過去完了**の文となる。これは、過去のある時点までの完了を示す。

Als sie kam, **hatte** er schon den Roman **gelesen**.
(*When she came, he **had** already **read** the novel.*)

③〔過去分詞 + haben + 現在人称変化した werden〕で**未来完了**の文となる。平叙文では、werden の定動詞が第 2 位に、〔過去分詞 + haben〕が文末に位置する。これは、未来のある時点までの完了や、過去の事柄についての現在からの推量を示す（⇨ S.26 **1** ①）。

> In einer Woche **wird** er den Roman **gelesen haben**.
> *(Within a week he **will have read** the novel.)*

> Er **wird** schon den Roman **gelesen haben**.
> *(He **will have** already **read** the novel.)*

🎧 Übung 1　次の文を見て、（　　）に日本語を、＿＿にドイツ語を補い、和訳しよう。
2-04

Mein Gott, mein Gott, warum hast du mich verlassen? *(Bibel)*
※ 呼びかけには 1 格を使う。

a. この verlassen は、定動詞＿＿＿＿＿＿＿と一緒に使われ、文末に位置するがゆえに、不定詞ではなく、（　　　　　　）詞である。この組み合わせは、この文が現在完了の文であることを示している。

b. lassen の過去分詞が gelassen であるのに、verlassen に ge- がつかないのは、verlassen が分離動詞ではなく、接頭辞＿＿＿＿＿を伴う（　　　　　）離動詞だからである。

訳

🎧 Übung 2　和訳しよう。
2-05

1. Ich kam, sah und siegte. *(Caesar)*

2. Sie hatte ein Dach über dem Kopf, sie hatte ein Bett und sie konnte sich, wenn es kalt war, ein Feuer machen. *(Ende: Momo)*
   ※ 従属接続詞 wenn は、繰りかえされた過去に使われる。1 度きりの過去には als を使う。
   ※ コンマには挿入を示す用法もある。

3. Als Zarathustra dreißig Jahre alt war, verließ er seine Heimat und den See seiner Heimat und ging in das Gebirge. *(Nietzsche: Also sprach Zarathustra)*
   ※ Zarathustra：ツァラトゥストラ（ゾロアスターのドイツ語表現）

4. Das Glück liegt nicht in der Kraft, denn Nero, Sardanapal und Agamemnon seufzten und weinten und rauften sich das Haar, sie waren die Sklaven der Umstände und die Narren ihrer Einbildung. Das Glück liegt in dir selbst. *(Epiktet)*
   ※ Nero：ローマ皇帝、Sardanapal：アッシリア王、Agamemnon：ミュケナイ王

5. Unwissenheit hat noch nie ein Problem gelöst. *(Benjamin Disraeli)*

6. Wenn du merkst, du hast gegessen, hast du schon zuviel gegessen. *(Sebastian Kneipp)*

7. »Die Menschen haben diese Wahrheit vergessen«, sagte der Fuchs. *(Saint-Exupéry: Der kleine Prinz)*

8. Beurteile niemand, bis du an seiner Stelle gestanden hast. *(Goethe)*

9. Charme ist die Kunst, als Antwort ein Ja zu bekommen, ohne etwas gefragt zu haben. *(Albert Camus)*

10. Nachdem Gott die Welt erschaffen hatte, schuf er Mann und Frau.

🎧 **1** 規則動詞の３基本形の補足説明
2-06

不定詞	ändern (change) ※1	warten (wait)	atmen (breathe)
過去基本形	änderte	wartete ※2	atmete ※2
過去分詞	geändert	gewartet ※2	geatmet ※2

※1 不定詞語尾が -en ではなく、-n のときであっても（⇨ S.4 **1** ※1）、過去基本形・過去分詞は規則通り作られる（⇨ S.34 **1** ①）。

※2 語幹が -d, -t, -chn, -ffn, -tm などで終わるとき、過去基本形は〔語幹-ete〕と、過去分詞は〔ge-語幹-et〕となる。（⇨ S.4 **1** ※6）

🎧 **2** 不規則動詞の３基本形の補足説明
2-07

不規則動詞は、強変化動詞・混合変化動詞に大別できる。

① **強変化動詞**：幹母音が変化する。**過去基本形は -te の語尾をもたず、過去分詞は〔ge-語幹-en〕**となる。一部の子音が変化するものもある。

不定詞	finden ※1 (find)	kommen ※2 (come)	schreiben ※3 (write)	statt|finden (take place)	erfinden (invent)
過去基本形	fand	kam	schrieb	fand statt	erfand
過去分詞	gefunden	gekommen	geschrieben	stattgefunden	erfunden

※1　幹母音がＡ－Ｂ－Ｃと変化するものの例：

gehen　(go)　－ ging　－ gegangen　　　nehmen　(take)　－ nahm　－ genommen
treffen　(hit)　－ traf　－ getroffen　　　trinken　(drink)　－ trank　－ getrunken
singen　(sing)　－ sang　－ gesungen　　　sprechen (speak) － sprach － gesprochen

※2　幹母音がＡ－Ｂ－Ａと変化するものの例：

essen　　(eat)　－ aß　－ gegessen　　　fahren　(ride)　－ fuhr　－ gefahren
geben　　(give)　－ gab　－ gegeben　　　lesen　(read)　－ las　－ gelesen
schlafen (sleep) － schlief － geschlafen　　sehen　(see)　－ sah　－ gesehen
tragen　(carry)　－ trug　－ getragen　　　waschen (wash)　－ wusch － gewaschen

※3　幹母音がＡ－Ｂ－Ｂと変化するものの例：

bieten　(offer)　－ bot　－ geboten　　　bleiben　(remain) － blieb － geblieben
fliegen　(fly)　－ flog　－ geflogen　　　greifen　(grip)　－ griff　－ gegriffen
heben　(lift)　－ hob　－ gehoben　　　stehen　(stand) － stand － gestanden
treiben　(drive)　－ trieb　－ getrieben　　ziehen　(draw)　－ zog　－ gezogen

② **混合変化動詞**：幹母音が変化するものの、規則動詞と同様に、過去基本形は〔語幹-te〕、過去分詞は〔ge-語幹-t〕となる。一部の子音が変化するものもある。

不定詞	denken (think)	können	mögen	aus|denken (imagine)	bedenken (consider)
過去基本形	dachte	konnte	mochte	dachte aus	bedachte
過去分詞	gedacht	gekonnt	gemocht	ausgedacht	bedacht

※ ドイツ語では、助動詞も過去基本形・過去分詞を持つ。

🎧 **3** 過去人称変化の補足説明
2-08

① 過去基本形が -s, -ß, -sch, -z で終わるとき、du の人称語尾は -est となる。（⇨ S.4 **1** ※5）
　　　lesen (read) → las: ich las, du las**est**, er las, wir lasen, ihr last, sie lasen

② 過去基本形が -d, -t で終わるとき、人称語尾は〔du -[e]st〕〔ihr -et〕となる。（⇨ S.4 **1** ※6）
　　　halten (hold) → hielt: ich hielt, du hielt**[e]st**, er hielt,
　　　　　　　　　　　　　　　　wir hielten, ihr hielt**et**, sie hielten

🎧 **4** haben を用いた完了時称の補足説明

2-09

① ドイツ語では、話法の助動詞も完了時称にできる。ただし、このときの**助動詞の過去分詞は不定詞と同形**である。（本動詞としては、通常の過去分詞を使う。）

> Er **hat** nach Innsbruck *gehen* **müssen**.
> *(He had to go to Innsbruck.)*

> ⇔ Er **hat** nach Innsbruck **gemusst**.
> *(He had to go to Innsbruck.)*

② 話法の助動詞に準ずるもの（⇨ S.28 **1** ②③）の過去分詞も完了時称で**不定詞と同形となる**。ただし、通常の過去分詞を使うこともある。

> Er hat sein Herz schlagen **fühlen**. (⇨ S.28 **1** ③)
> *(He felt his heart beat.)*

> ⇨ Er hat sein Herz schlagen **gefühlt**.

③ 現在人称変化した話法の助動詞が〔過去分詞 ＋ haben〕を伴うときは、過去の事柄についての現在からの判断などを示す。（⇨ S.35 **3** ③）

> Er **muss** etwas **gemacht haben**.
> *(He **must have done** something.)*

> Er **kann** etwas **gehört haben**.
> *(He **may have heard** something.)*

🎧 **Übung** 和訳しよう。

2-10

1. Nachdem wir das Ziel endgültig aus den Augen verloren hatten, verdoppelten wir unsere Anstrengungen. *(Mark Twain)*

2. Der Kapitän stand am Kai, hielt den Jungen an der Hand, blickte von Zeit zu Zeit auf die Armbanduhr und wartete. *(Kästner: Das fliegende Klassenzimmer)*

3. Er heiratete sie, weil sie ihn liebte. Sie liebte ihn, weil er sie heiratete. *(Jean Paul)*

4. Ich hab' auf Dank ja nie gerechnet. *(Schiller: Wallenstein)*

5. Ihr hattet euch noch nicht gesucht: da fandet ihr mich. Nun heiße ich euch, mich verlieren und euch finden; und erst, wenn ihr mich verleugnet habt, will ich euch wiederkehren. *(Nietzsche: Ecce homo)*

6. Diktaturen haben niemals ein Problem gelöst. Sie haben es nur verschwinden lassen. *(Otto von Habsburg)*

7. In meinem Leben habe ich nicht immer ein Held sein können, aber ich habe immer ein Mensch sein können.

8. Anaximander soll erst das Prinzip gebraucht haben. *(Hegel)*
   ※ Anaximander：アナクシマンドロス（哲学者）

9. Man mag drei- oder viertausend Menschen gekannt haben, man spricht aber nur von sechs oder sieben. *(Elias Canetti)*

10. Es ist nicht wahr, dass man ohne eine Frau nicht leben kann. Man kann bloß ohne eine Frau nicht gelebt haben. *(Karl Kraus)*

🎧 **1** sein を用いた完了時称
2-11

① 完了時称は、一部の自動詞（sein や bleiben、移動・変化を意味する動詞）では、〔過去分詞 ＋ sein〕となる。完了時称に haben が使われるか（haben 支配）（⇨ S.34 **3**）、sein が使われるか（sein 支配）については、厳密には、辞書を参照しよう。辞書には、haben 支配は［h.］、sein 支配は［s.］などと記されている。

> Der Herr **ist gekommen**. ←   不定詞句：gekommen sein
> *(The lord **is come**.)*

② sein を用いた完了時称の文では、〔過去分詞 ＋ 現在人称変化した sein〕で現在完了、〔過去分詞 ＋ 過去人称変化した sein〕で過去完了、〔過去分詞 ＋ sein ＋ 現在人称変化した werden〕で未来完了となる。（⇨ S.34 **3**）

🎧 **2** 受動文
2-12

① 〔過去分詞 ＋ sein〕は受動文にもなる。平叙文では、sein の定動詞が第 2 位に、過去分詞が文末に位置する。この〔過去分詞 ＋ sein〕は状態受動といい、何かがなされた結果や状態を表わす。なお、完了時称〔過去分詞 ＋ sein〕の過去分詞に使われる動詞が sein 支配であったのに対し、状態受動の〔過去分詞 ＋ sein〕の過去分詞に使われる動詞は haben 支配である。

> Der Mensch **ist** frei **geboren** und liegt doch überall in Ketten.
> *(Man **is born** free and everywhere he is in chains.) (Rousseau)*
>   ←   不定詞句：geboren sein

② 受動文には〔過去分詞 ＋ werden〕で表現できるものもある。これは動作受動といい、何かがなされる変化や動作を表わす。

> Man **wird** nicht als Frau **geboren**, man wird es. ←   不定詞句：geboren werden
> *(One **is** not **born**, but rather becomes, a woman.) (Beauvoir)*

③ 受動文における「～によって」は、それが意志を持つ行為者によるなら〔von ＋ 3 格〕で、意志を持たない手段・媒介によるなら〔durch ＋ 4 格〕で表現する。この区別は曖昧なこともある。

> Die Liebe wird nicht **von der Vernunft** regiert.
> *(It is not reason that governs love.) (Molière)*

> Die Menschen werden **durch Gesinnungen** vereinigt und **durch Meinungen** getrennt.
> *(Men are united **by convictions**; they are separated **by opinions**.) (Goethe)*

④ 過去・未来の受動文は次のように表現する。

過去の状態受動：Die Todesstrafe **war abgeschafft**.
> *(The death penalty **was abolished**.)*

未来の状態受動：Die Todesstrafe **wird abgeschafft sein**.
> *(The death penalty **will be abolished**.)*

過去の動作受動：Die Todesstrafe **wurde abgeschafft**.
> *(The death penalty **got abolished**.)*

未来の動作受動：Die Todesstrafe **wird abgeschafft werden**.
> *(The death penalty **will get abolished**.)*

★ 完了時称の haben, sein や受動文の werden, sein は助動詞である。

🎧 **3** 過去分詞の用法

　過去分詞は形容詞や副詞として、それゆえ、補語（⇨ S.7 Fußnote）や修飾語などとしても働く。この場合でも、潜在的には、完了時称か受動文を形成していると考えると分かりやすい。また、他の品詞に転用されても、完了や受動の意味は失われない。

> Gefolgschaft, mit Geld **erkauft**, wird von Geld zerstört　←　erkaufen
> *(Fidelity **purchased** with money, money can destroy.) (Seneca)*

> Tief ist der Brunnen der **Vergangenheit**.　　　　　←　vergehen
> *(Deep is the well of the **past**.) (Thomas Mann: Joseph und seine Brüder)*

🎧 **Übung 1** 次の文を見て、（　　）に日本語を、＿＿にドイツ語を補おう。

Der Würfel ist gefallen. / Der Würfel ist geworfen. *(Caesar)*

a. 上はどちらも、ラテン語の „Alea iacta est" の独訳である。ここではドイツ語から和訳しよう。まず、gefallen が、不定詞でも、これと同形の過去分詞でもないことに注意しよう。gefallen ならば haben 支配であり、また、（　　）格の名詞を必要とするからである（辞書参照）。ここでの gefallen は、不定詞＿＿＿＿＿＿の過去分詞でなければならない。この動詞は＿＿＿＿＿＿支配であるがゆえに、第１文の〔過去分詞 ＋ sein〕は（　　　　　　）ではなく、（　　　　　　）である。日本語への直訳は（　　　　　　）である。

b. 第２文の geworfen の不定詞は＿＿＿＿＿＿＿である。これは＿＿＿＿＿＿支配である。それにも関わらず ist が使われているのは、この〔過去分詞 ＋ sein〕が（　　　　　）であることを示している。日本語への直訳は（　　　　　　　　）である。

🎧 **Übung 2** 次の文を見て、（　　）に日本語を、＿＿にドイツ語を補い、和訳しよう。

Das Alter kommt ungerufen.　＊諺

a. この文の定動詞は＿＿＿＿＿＿であり、主語は＿＿＿＿＿＿＿である。

b. ungerufen は、そのままでは辞書に見えないかもしれない。だが、否定を意味する un- を除いた gerufen なら辞書に見られる。これは＿＿＿＿＿＿の過去分詞である。そこから、この文は、〔Das Alter kommt.〕と〔Das Alter wird gerufen.〕（動作受動）とからなるものに、否定がついたものだと考えると分かりやすい。

訳

🎧 **Übung 3** 和訳しよう。

1. Ein Mensch wird vom Volk nach seiner Kleidung beurteilt. *(Seneca)*
2. Wahrheit wird niemals durch Gewalt widerlegt. *(Erich Fromm)*
3. Die Tragödie „Faust 1" wurde 1808 von Johann Wolfgang Goethe veröffentlicht.
4. Wenn ein Kind geboren wird, fangen wohl zwei Leben neu an. *(Magdalene Elmecker)*
5. Um geliebt zu werden, sei liebenswürdig. *(Ovid)*
6. Die Welt will betrogen sein, also wird sie betrogen. *(Sebastian Brant)*
7. Solange der Geist versklavt ist, kann der Körper nie frei sein. *(Martin Luther King Jr.)*
8. In der Politik passiert nichts zufällig. Wenn es doch passiert, war es so geplant. *(Franklin Roosevelt)*
9. Die Tat ist vergangen, die Denkmäler bleiben. *(Ovid)*
10. Allzu straff gespannt, zerspringt der Bogen. *(Schiller: Wilhelm Tell)*

🎧 **1** 受動文の補足説明

2-17

① 〔過去分詞 + worden + sein〕で完了時称の受動文となる（〔過去分詞 + worden〕が受動を、〔worden + sein〕が完了を表現している）。なお、**worden** は、**助動詞として使われた werden の過去分詞**である（⇨ S.34 **1** ②）。また、完了時称の受動文になるのは動作動詞のみである（状態受動にはすでに完了の意味が含まれている）。

> Rom **ist** nicht an einem Tag **erbaut *worden***.　←　不定詞：erbaut worden sein
> *(Rome was not built in a day.)*　＊諺

② ドイツ語では、英語と異なり、直接目的語（4格）を欠く動詞も受動文となる。この受動文では主語が欠けることに注意しよう。なお、文頭の欠落を避けるために、es が使われることがある（⇨ S.28 **2** ②）。

> Es **ist** dafür **gesorgt**, dass die Bäume nicht in den Himmel wachsen.
> *(God takes care that the trees don't grow up to the sky.)*　＊諺
> ※ für et⁴ sorgen *(take care of...)*

③ 一種の受動文である〔sich + 不定詞 + lassen〕にも（⇨ S.28 **1** ④）、主語のないものがある。

> Über Geschmack **lässt sich** nicht **streiten**.
> *(There is no accounting for taste.)*　＊諺

④ 受動文において、副文（⇨ S.20 **1** ③）や zu 不定詞句（⇨ S.32 **1** ④）が、「〜によって」を意味する durch の目的語にあたるとき、durch は融合形の dadurch となる。

🎧 **2** 過去分詞の用法の補足説明

2-18

　形容詞や副詞として用いられた過去分詞は潜在的に完了時称か受動文を形成するが、そのさい、文の主語以外のものが意味上の主語となることもあるので注意しよう。また、wenn や es などを補うと理解可能となるもの、つまり、実質的に副文となる過去分詞もあるので注意しよう。

> Ein Mensch fühlt *sich* oft wie **verwandelt**, sobald man menschlich ihn behandelt.
> *(A man often feels **transformed** as soon as he is treated humanely.)* (Eugen Roth)
> ←　*Ein Mensch* wird *verwandelt*.
> Froh schlägt das Herz im Reisekittel, **vorausgesetzt**, man hat die Mittel.
> *(Happily the heart beats in your travel attire, so long as you have the necessary means.)* (Wilhelm Busch)
> ←　Froh schlägt das Herz im Reisekittel, *wenn es* vorausgesetzt *wird,* man hat die Mittel.
> ＝　Froh schlägt das Herz im Reisekittel, *wenn* es vorausgesetzt *wird,* dass man die Mittel hat.

🎧 **Übung 1**　次の文を見て、（　　）に日本語を、＿＿にドイツ語を補い、和訳しよう。

2-19

Der Würfel ist geworfen worden. *(Caesar)*

a. „Alea iacta est" には上の独訳もある。この文で ist が使われているのは、＿＿＿＿＿＿＿がsein 支配であるためである。この〔過去分詞 + ist〕は、この文が（　　　　　）の文であることを示している。

b. worden は、（　　　）詞として用いられた werden の過去分詞である。〔geworfen worden（werden）〕は、この文が（　　　）文であることを示している。

訳

Übung 2 次の文を見て、＿にドイツ語を補い、和訳しよう。

2-20

Toleranz ist immer das Zeichen, dass sich eine Herrschaft als gesichert betrachtet.
(Max Frisch)

a. 主文では、＿＿＿＿＿が定動詞、＿＿＿＿＿＿が主語、＿＿＿＿＿＿＿が補語である。不要に見えるかもしれない dass 以下の副文は、＿＿＿＿＿＿＿の言いかえである。

b. 副文内では、＿＿＿＿＿＿が定動詞、＿＿＿＿＿＿が主語である。この副文を独立させると、„Eine Herrschaft betrachtet sich als gesichert.“ となる。このような主語・動詞以外に複数の要素が含まれる文では、1つの文を考えると分かりやすいことが多い(⇨ S.9 Übung 1 b.)。ここでは、gesichert が＿＿＿＿＿＿の過去分詞であることに注目するなら、sich (＝ eine Herrschaft)を主語とした、次のような文が含まれていると考えられる。

　　Eine Herrschaft ＿＿＿＿＿ gesichert.

c. 副文の als は、英語の〔regard A as B〕の as と同様に扱うことができる。この用法の als は、辞書で ＿＿＿＿＿＿をひけば確認することができる。

訳

Übung 3 和訳しよう。

2-21

1. Vertrauen wird dadurch erschöpft, dass es in Anspruch genommen wird. *(Brecht: Leben des Galilei)*

2. Einem Kritiker ist noch nie ein Denkmal gesetzt worden. *(Andrew Lloyd)*

3. Wir dürfen nicht annehmen, dass alle Dinge unsertwegen geschaffen worden sind. *(Descartes)*
　※ unsertwegen「わたしたちのために」

4. Erst nachdem für die Not des Lebens gesorgt ist, hat man zu philosophieren angefangen. *(Aristoteles)*

5. Die Liebe ist immer ein Wagnis. Aber nur im Wagen wird gewonnen. *(Theodor Heuss)*

6. Von der Hoffnung allein lässt sich nicht leben — und ohne Hoffnung auch nicht. *(Lothar Schmidt)*

7. Fühlst du dich von jemandem beleidigt, so stellst du dich geistig unter ihn.　＊諺

8. Streng genommen hat nur eine Sorte Bücher das Glück unserer Erde vermehrt: Die Kochbücher. *(Joseph Conrad)*

9. Damals dachte ich, offen gestanden, ganz anders.

10. Die Musik spricht für sich allein. Vorausgesetzt, wir geben ihr eine Chance. *(Yehudi Menuhin)*

Lektion 11　　Teil 1

🎧 **1** 形容詞
2-22

① 形容詞は補語（⇨ S.7 Fußnote）となる。

> Das Leben ist **kurz**, die Kunst ist **lang**.
> (*Life is **short**, the art is **long**.*) (*Hippokrates*)

② 形容詞は名詞の修飾語ともなる。このとき形容詞は名詞に伴って格変化する。

> Die **wahre** Freude ist eine **ernste** Sache.
> (***True** joy is a **serious** matter.*) (*Seneca*)

③ 修飾語としての形容詞の格変化語尾は、定冠詞（類）（⇨ S.6 **2**, S.7 **3**）の後では -e[n] である（⇨ S.44 **1** ①）。不定冠詞（類）（⇨ S.10 **1 2**）の後でも -e[n] であるが、男性 1 格の -er と中性 1・4 格の -es は例外である（⇨ S.44 **1** ②）。これは、不定冠詞（類）のみでは判然としない性・格を形容詞が示すためである。冠詞（類）を欠くときは、形容詞が性・格を示し、定冠詞類（⇨ S.7 **3**）とほぼ同様に変化する。そのときの格変化は次の通りである。

格	m.	m.	n.	f.	pl.
1	gut**er**　Junge	gut**er**　Mann	gut**es**　Kind	gut**e**　Frau	gut**e**　Leute
2	gut**es**　Jungen※	gut**en**　Mann[**e**]**s**※	gut**en**　Kind[**e**]**s**※	gut**er**　Frau	gut**er**　Leute
3	gut**em**　Jungen	gut**em**　Mann[**e**]	gut**em**　Kind[**e**]	gut**er**　Frau	gut**en**　Leuten
4	gut**en**　Jungen	gut**en**　Mann	gut**es**　Kind	gut**e**　Frau	gut**e**　Leute

※ 2 格の名詞語尾として -[e]s がつくとき、形容詞の格変化語尾は -en である。男性弱変化名詞（⇨ S.10 **3**）では 2 格の名詞語尾が -[e]n なので、形容詞の格変化語尾は -es となる。

④ 形容詞の多くは、そのまま副詞としても使うことができる。副詞は、動詞や形容詞、他の副詞などを修飾する。副詞は語尾をもたない。

> Neue Besen kehren **gut**.
> (*A new broom sweeps **clean**.*)　＊諺
> ⇔　Ein **guter** Anfang macht ein **gutes** Ende.
> (*A **good** beginning makes a **good** ending.*)　＊諺

🎧 **2** 現在分詞
2-23

現在分詞は〔語幹-end〕で表現する。（⇨ S.2 **1**）

① 現在分詞は、完全に形容詞化した場合にかぎり、補語となる（最初から形容詞として扱われているものもある）。英語と異なり、〔現在分詞 + sein〕が「～している」を意味するわけではないことに注意しよう（ドイツ語では、現在形が「～している」も表現する（⇨ S.3 Fußnote））。

> **Allwissend** bin ich nicht, doch viel ist mir bewusst.
> (*I know a lot: and yet I'm not **all-knowing**.*) (*Goethe: Faust*)

② 現在分詞が副詞として働くとき、原則として、その内容上の主語は文の主語である。

> **Irrend** lernt man.
> (***By seeking and blundering** we learn.*) (*Goethe*)

③ 名詞を修飾するとき、現在分詞は通常の形容詞と同様に格変化する。過去分詞も同様である。

> Himmel ist die Vision der **erfüllten** Wünsche. Hölle ist der Schatten eines **brennenden** Gemütes.
> (*Heaven is the vision of the **fulfilled** wishes. Hell is the shadow of a **burning** mind.*) (*Omar Khayyám*)

Übung 1 次の文を見て、（　　）に日本語を、＿＿にドイツ語を補い、和訳しよう。

Große Dinge sind immer mit großen Gefahren verknüpft. *(Xerxes I.)*

a. この文の Große を辞書でひくときの形は、語尾の＿＿をとった＿＿＿＿＿＿である。この文の großen を辞書でひくときの形は、語尾の＿＿＿をとった＿＿＿＿＿である。形容詞の格変化 語尾は -e, -em, -en, -er, -es のいずれかである。これらをとって辞書をひこう。

b. 無冠詞の場合、形容詞の格変化が冠詞の代わりをする。Gro*e* の -e は定冠詞＿＿＿＿の代わり をしている。文の主語となる Dinge が複数の1格だからである。gro*en* の -en は定冠詞 ＿＿＿＿の代わりをしている。mit と一緒に使われた Gefahren が複数の3格だからである。無 冠詞の場合、2格語尾に -[e]s を持つ男性名詞・中性名詞を除き、形容詞の格変化語尾は定冠詞 類(⇨ S.7 **3**)の語尾と同一である。

c. この文の〔sind ... verknüpft〕は（　　　　）受動である。verknüpfen が＿＿＿＿＿支配だ からである(⇨ S.38 **2** ①)。

訳

Übung 2 次の文を見て、（　　）に日本語を、＿＿にドイツ語を補い、和訳しよう。

Der sichere Freund wird im Unglück erkannt. *(Cicero)*

a. この文の sichere を辞書でひくときの形は、語尾の＿＿をとった＿＿＿＿＿である。冠詞があ る場合、冠詞が名詞の性・格を示している。ただし、男性名詞の1格と中性名詞1・4格の不定 冠詞(類)のみは性・格を十分には示していないため、形容詞の格変化語尾が名詞の性・格を示し ている(⇨ S.44 **1** ②)。

b. この文の〔wird ... erkannt〕は（　　　　）受動である。

訳

Übung 3 和訳しよう。

1. Schwer ist es, gut zu leben!! Aber das gute Leben ist schön. *(Wittgenstein)*
2. Manchmal führt ein Rechenfehler zur richtigen Lösung. *(Stanisław Lec)*
3. Bücher sind kein geringer Teil des Glücks. Die Literatur wird meine letzte Leidenschaft sein. *(Friedrich der Große)*
4. Liebe ist, einzusehen, dass man verschiedener Meinung sein kann. *(Kim Grove)*
5. Zu viele Besprechungen sind ein deutliches Zeichen für schlechte Organisation. *(Cyril N. Perkinson)*
6. Ein Christ soll wenig Wort und viel Tat machen. *(Martin Luther)*
   ※ viel や wenig は、複数名詞を修飾する以外は、語尾を欠くことがある。不定代名詞 (⇨ S.23 **3**) と混同しないようにしよう。
7. Wenn Professoren über einen Vorgang unsicher und schwankend sind, beginnen sie den Satz meistens mit: »Bekanntlich...«. *(Heinrich Wilhelm Dove)*
8. Schweigende Menschen sind gefährlich. *(Jean de La Fontaine)*
9. Jedes gelöste Problem ist einfach. *(Thomas Alva Edison)*
10. Architektur ist gefrorene Musik. *(Schopenhauer)*

🎧 **1　形容詞の補足説明**
2-27

① 定冠詞（類）と一緒に使われる形容詞の格変化は次の通りである。

格	m.	n.	f.	pl.
1	der gut**e** Füller	das gut**e** Heft	die gut**e** Tinte	die gut**en** Messer
2	des gut**en** Füllers	des gut**en** Heft[e]s	der gut**en** Tinte	der gut**en** Messer
3	dem gut**en** Füller	dem gut**en** Heft[e]	der gut**en** Tinte	den gut**en** Messern
4	den gut**en** Füller	das gut**e** Heft	die gut**e** Tinte	die gut**en** Messer

② 不定冠詞（類）と一緒に使われる形容詞の格変化は次の通りである。

格	m.	n.	f.	pl.
1	ihr gut**er** Füller	ihr gut**es** Heft	ihre gut**e** Tinte	ihre gut**en** Messer
2	ihres gut**en** Füllers	ihres gut**en** Heft[e]s	ihrer gut**en** Tinte	ihrer gut**en** Messer
3	ihrem gut**en** Füller	ihrem gut**en** Heft[e]	ihrer gut**en** Tinte	ihren gut**en** Messern
4	ihren gut**en** Füller	ihr gut**es** Heft	ihre gut**e** Tinte	ihre gut**en** Messer

③ -e で終わる形容詞は、語尾がつくと -e が落ちる。
　　　ein weises Urteil　　　*(wise judgement)*　　　← weis**e**（× weis**e**es）

④ -er, -en で終わる形容詞は、語尾がつくと -e- が落ちることがある。(⇨ S.4 **1** ※ 2)
　　　Meine teu[e]re Göttin!　*(My dear goddess!)*　← teu**e**r

⑤ -el で終わる形容詞は、語尾がつくと -e- が落ちる。(⇨ S.4 **1** ※ 4)
　　　ein eitler Mensch　　　*(a vain man)*　　　← eit**e**l（× eit**e**ler）

⑥ hoch *(high)* は、語尾がつくと hoh- となる。
　　　ein hoher Berg　　　　*(a high mountain)*

🎧 **2　分詞の補足説明**
2-28

① -er や -el で終わる語幹の現在分詞は〔語幹-end〕ではなく、〔**語幹-nd**〕となる。アクセントのない母音の連続を避けるためである (⇨ S.4 **1** ※ 2)。
　　　不定詞：wandern *(wander)* → 現在分詞：wandernd（× wander**e**nd）

② 名詞を修飾する過去分詞・現在分詞は常に名詞の前に位置する（**冠飾句**）。英語と異なり、他の語（句）を伴っても、名詞の後に移動することはない。
　　　Ein Charakter ist **ein *vollkommen gebildeter* Wille**.
　　　*(Character is **perfectly educated will**.)* *(Novalis)*
　　　Wahre Freundschaft ist **eine *sehr langsam wachsende* Pflanze**.
　　　*(True friendship is **a plant of slow growth**.)* *(George Washington)*

③ ドイツ語には、過去分詞・現在分詞の他に、**未来分詞**もある。未来分詞は〔**zu ＋ 現在分詞**〕で表現され、「～されうる」「～されるべき」を意味する（〔zu 不定詞 ＋ sein〕を思いだそう (⇨ S.32 **1** ②)）。未来分詞は過去分詞・現在分詞と異なり、名詞を修飾するのみである。
　　　Das Leben ist **kein *zu lösendes* Problem**, sondern **eine *zu erlebende* Realität**.
　　　*(Life is not **a problem to be solved**, but **a reality to be experienced**.)* *(Kierkegaard)*
　　　← Kein Problem ist zu lösen. Die Realität ist zu erleben.

2-29

Übung 1 次の文を見て、（　　）に日本語を、＿＿＿にドイツ語を補い、和訳しよう。

Es soll kein für sich bestehender Staat von einem andern Staate durch Erbung, Tausch, Kauf oder Schenkung erworben werden können. *(Kant: Zum ewigen Frieden)*

a. この文の定動詞は＿＿＿＿＿＿であり、これは、不定詞＿＿＿＿＿＿＿と結びついている。後者も助動詞であり、＿＿＿＿＿＿＿＿＿＿＿＿と結びついている。

b. 前置詞 von は einem andern Staate と結びついている。andern は形容詞＿＿＿＿＿＿が格変化したものであり、本来は＿＿＿＿＿＿＿という形である。von 以下の前置詞句は、受動の＿＿＿＿＿＿＿＿＿＿＿＿＿を修飾している。

c. 前置詞 durch は＿＿＿＿＿＿＿＿＿＿＿＿＿＿＿＿＿＿＿＿＿＿＿と結びついている。並列接続詞の＿＿＿＿＿により、durch の結びつく範囲が示されている(⇨S.18 **1** ①※)。durch 以下の前置詞句が修飾するものは、von 以下と同一である。

d. 前置詞句 für sich が修飾するのは＿＿＿＿＿＿＿である。＿＿＿＿＿と＿＿＿＿＿に挟まれ、その外部を修飾することはないからである。

e. bestehender は、上の für sich と同様に、＿＿＿＿＿と＿＿＿＿＿に挟まれて、後者を修飾する。前者の後で格変化語尾＿＿＿＿を持つため、辞書をひかずとも、後者が（　　）性名詞の（　　）格であることが分かる(⇨S.44 **1** ②)。bestehender を辞書でひくときの形は、この語尾と（　　　　）詞を作る＿＿＿＿＿を除いて、不定詞語尾＿＿＿＿をつけた形＿＿＿＿＿＿＿である。

f. ＿＿＿＿＿は主語でも目的語でもなく、欠落を避けるために使われている(⇨S.28 **2** ②)。

訳

2-30

Übung 2 和訳しよう。

1. Das Leben meistert man lächelnd oder gar nicht. *＊諺
2. Wenn du eine weise Antwort verlangst, musst du vernünftig fragen. *(Goethe)*
3. Tiefsinn ist eine hohe Kunst. *(Walter Ludin)*
4. Erfahrung ist ein langer Weg und eine teure Schule. *＊諺
5. Eine Idee muss Wirklichkeit werden können oder sie ist eine eitle Seifenblase. *(Berthold Auerbach)*
6. Die fremde Seele ist ein dunkler Wald. *＊諺
7. Ich habe einen Menschen immer nur als ein für sich bestehendes Individuum angesehen. *(Goethe)*
8. Die Eifersucht geistig hochstehender Menschen bewirkt einen edlen Wettstreit und ruft große Taten hervor. *(Balzac)*
9. Alle Philosophie und Weisheit beginnt mit dem Staunen. Der Anfang aller Erkenntnis ist die aus dem staunenden Verwundern geborene Frage nach dem Warum. *(Platon)*
10. Der Geist ist kein zu füllendes Gefäß, sondern ein zu entfachendes Feuer. *(Plutarch)*

🎧 **1** 形容詞の後の名詞の省略
2-31

① 格変化した形容詞の後に名詞が見あたらないときは、繰りかえしを避けるための省略を考えよう。

Eine *Hand* wäscht die andere.　　　　　　　　　← die andere Hand
*(One hand washes **the other**.) (Seneca)*

② 名詞の欠如が繰りかえしを避けるためではないときは、形容詞の格変化語尾から、Mann, Frau, Leute, Ding のいずれかの省略を考えると分かりやすい。

Viele sind gerufen, aber nur **wenige** sind erwählt.　← viele Leute, wenige Leute
*(**Many** are called, but **few** are chosen.) (Bibel)*

🎧 **2** 形容詞の名詞化
2-32

分詞なども含め、形容詞は名詞化できる。このとき語頭は大文字になる。

① 男性・女性・複数の格変化語尾（⇨ S.42 **1** ③, S.44 **1** ①②）は人を意味する。それぞれ、男性名詞の Mann、女性名詞の Frau、複数名詞の Leute の省略を考えると分かりやすい。

der Gut**e**	良い男	← der gute *Mann*	**ein** Gut**er**	ある良い男	← ein guter *Mann*
die Gut**e**	良い女	← die gute *Frau*	**eine** Gut**e**	ある良い女	← eine gute *Frau*
die Gut**en**	良い人々	← die guten *Leute*	Gut**e**	良い人々	← gute *Leute*

② 中性の格変化語尾（⇨ S.42 **1** ③, S.44 **1** ①②）は、物・事を意味する。中性名詞の Ding *(thing)* の省略を考えると分かりやすい。この用法では、不定冠詞の代わりに不定代名詞の etwas *(something)*, nichts *(nothing)*, viel *(many, much)*, wenig *(few, little)* を使うこともある（⇨ S.23 **3**）。

das Gut**e**	良い物・事	← das gute *Ding*	
ein Gut**es**	ある良い物・事	← ein gutes *Ding*	
etwas Gut**es**	何か良い物・事	/ viel Gut**es**	多くの良い物・事

🎧 **3** 形容詞・副詞の比較級・最上級
2-33

① 形容詞・副詞の基本形（原級）は **-er** を伴うと比較級に、**-st** を伴うと最上級になる。最上級には、〔am -sten〕という形もある。

原級：fleißig *(diligent)* → 比較級：fleißig**er** → 最上級：fleißig**st** / **am** fleißig**sten**

② 不規則な変化をして比較級・最上級になるものがある（辞書参照）。重要なものは暗記しておこう。

nah	*(near)*	—	näher	—	nächst	/ am nächsten
gut	*(good)*	—	besser	—	best	/ am besten
hoch	*(high)*	—	höher	—	höchst	/ am höchsten (⇨ S.44 **1** ⑥)
viel	*(many)*	—	mehr	—	meist	/ am meisten

③ 〔比較級 ＋ als ...〕で「…よりも～」を意味する。比較級は補語や副詞となるときはそのまま使われるが、名詞を修飾するときは格変化する。（⇨ S.42 **1** ③, S.44 **1** ①②）

Man hört in der Welt **leichter** ein Echo **als** eine Antwort.　　← leicht
*(In this world it is much **easier** to hear the echo **than** the answer.) (Sartre)*

Phantasie ist **wichtiger als** Wissen, denn Wissen ist begrenzt.　← wichtig
*(Imagination is **more important than** knowledge. For knowledge is limited.) (Einstein)*

Überzeugungen sind **gefährlichere** Feinde der Wahrheit, **als** Lügen.　← gefährlich
*(Convictions are **more dangerous** foes of truth **than** lies.) (Nietzsche)*

④ 最上級は「1番〜」を意味する。補語や副詞となるときは〔am -sten〕と、名詞を修飾するときは -st となる。後者は定冠詞と格変化語尾を伴う。

In der Mitte geht man **am sichersten**. ← sicher
*(You will go **most safely** by the middle course.) (Ovid)*

Hoffnung ist die **beste** Arznei. ← best（gut）
*(Hope is the **best** medicine.)* ＊諺

⑤〔so ＋ 原級 ＋ wie (als) ...〕で「…ほどに（と同じくらい）〜」を意味する（同等比較）。

Eine Religion ist **so wahr wie** eine andere.
*(One religion is **as true as** another.) (Robert Burton)*

Übung 1 次の文を見て、（　）に日本語を、___にドイツ語を補い、和訳しよう。
2-34

Für den Freien ist Scham über das Geschehene die beste Triebfeder. *(Demosthenes)*

a. für は（　　）格支配であり、_____が続く以上、後続するのは男性名詞である。それゆえ、文中の Freien は、中性名詞として扱われる不定詞の freien ではない(⇨ S.8 **2**)。しかし、Freien という男性名詞は存在しない。このようなときは、形容詞の名詞化の可能性を考えよう。ここでは Freien の後に、男性名詞_____の省略を考えると分かりやすい。Freien を辞書でひくときの形は、格変化語尾を除いた_____である。

b. das Geschehene は das Geschehen とは異なる。末の -e は何であろうか。この -e が格変化語尾であることに気づけば、das Geschehene が名詞化した形容詞であることが分かる。後に、中性名詞_____の省略を考えると分かりやすい。geschehen が形容詞として働くのは、不定詞と同形だが、（　　　　　　）詞だからである(⇨ S.42 **2** ③)。

c. 辞書をひくとき、beste からは格変化語尾____を除く。その原級は_____である。

訳

Übung 2 和訳しよう。
2-35

1. Ein Mensch ist so stark, wie er lustig sein kann. *(Carl Ludwig Schleich)*
2. Besser ist es, hinkend auf dem rechten Wege zu gehen, als mit einem festen Schritt abseits. *(Augustinus)*
3. Musik ist eine höhere Offenbarung als alle Weisheit und Philosophie. *(Beethoven)*
4. Der Neid ist die aufrichtigste Form der Anerkennung. *(Wilhelm Busch)*
5. Alles andere ist klein gegen die Liebe. *(Clemens Brentano)*
6. Lehre nicht andere, bis du selbst gelehrt bist. *(Matthias Claudius)*
7. Den Tapferen hilft das Glück. *(Terenz)*
8. Das Ganze ist mehr als die Summe seiner Teile. *(Aristoteles)*
9. Es gibt nichts Uninteressantes, es gibt nur uninteressierte Menschen. *(Chesterton)*
10. Schweig still, oder sag etwas Besseres als das Schweigen. *(Pythagoras)*

★ 比較級の als や同等比較の wie（als）は従属接続詞である（⇨ S.18 **1** ②）。前置詞のように見えても、それは省略の結果であり、本来は副文を導いている。たとえば、次の文で、何が省略されているか、何と何が比較されているかを考えよう。
Sie liebt mich mehr als ihn. ⇔ Sie liebt mich mehr als er.

🎧 **1 形容詞の名詞化の補足説明**
2-36

　名詞化した形容詞の語頭は大文字になるが、etwas や nichts のあとの anderes の語頭は大文字にならないことが多い。（⇔S.46 **2** ②）

　　　Ein Blick in die Welt beweist, dass Horror **nichts anderes** ist als Realismus.
　　　*(A glimpse into the world proves that horror is **nothing other** than reality.)* (Alfred Hitchcock)

🎧 **2 形容詞・副詞の比較級・最上級の補足説明**
2-37

①比較級・最上級を作るさい、次に注意しよう。

原級		比較級	最上級
alt	*(old)*	älter[1]	ältest　/　am ältesten[1,2]
weise	*(wise)*	weiser[3]	weisest　/　am weisesten
teuer	*(expensive)*	teu[e]rer[4]	teuerst　/　am teuersten
dunkel	*(dark)*	dunkler[5]	dunkelst　/　am dunkelsten
groß	*(great)*	größer[1]	größt　/　am größten[1,6]

※ 1 1音節の語の比較級・最上級の多くでは、幹母音がウムラウトする（辞書参照）。
※ 2 -d, -t, -s, -sch, -ss, -ß, -x, -z, -tz で終わる原級を最上級にするときは、-st ではなく、-est をつける。（⇔S.4 **1** ※ 5）
　　（⇔S.4 **1** ※ 6）
※ 3 -e で終わる原級を比較級にするときは、-e が落ちる。（× weiseer）（⇔S.44 **1** ③）
※ 4 -er, -en で終わる原級を比較級にするとき、-e が落ちることがある。（⇔S.44 **1** ④）
※ 5 -el, -auer, -euer で終わる原級を比較級にするときは、-e が落ちる。（× dunkeler）（⇔S.44 **1** ⑤）
※ 6 -ß で終わる原級を最上級にするにも関わらず、-st ではなく、-t をつけるなどの不規則変化については、そのつど辞書を参照しよう。

② 比較級の強調には、viel や weit、noch などを使う。
　　　Der Mensch weiß **viel** mehr, als er versteht.
　　　*(Man knows **much** more than he understands.)* (Alfred Adler)

③〔immer ＋ 比較級〕や〔比較級 ＋ und ＋ 比較級〕は「ますます〜」を意味する。
　　　Selbsterkenntnis wird **immer schwieriger**.
　　　*(Self-awareness becomes **more and more difficult**.)*

④〔je ＋ 比較級, desto（umso / je）＋ 比較級〕は「〜すればするほど〜」を意味する。
　　　Je mehr man hat, **desto mehr** will man.
　　　*(**The more** one has, **the more** one wants.)*　＊諺
　　⇨ **Je mehr** man hat, **je mehr** man will.
　　　　※ 定動詞の位置に注意。

⑤ 同等比較の強調には、so の代わりに genauso や ebenso を使う。
　　　Angst ist für die Seele **ebenso gesund wie** ein Bad für den Körper.
　　　*(Fear is **as** healthy for your soul **as** a bath is healthy for your body.)* (Maxim Gorki)

⑥〔so ＋ 原級 ＋ wie（als）...〕の so を否定する文は、「…ほど〜ない」を意味する。
　　　Man ist **niemals so** glücklich oder **so** unglücklich, **wie** man glaubt.
　　　*(One is **never as** happy or **as** unhappy **as** he thinks.)* (La Rochefoucauld)

⑦ 比較級・同等比較は否定語を伴って最上級の内容を意味できる。

Nichts ist **so beständig wie** der Wandel.
(**Nothing** is **as constant as** change.) (Heraklit)

Nichts ist **schneller** als ein Gerücht.
(**Nothing** is **swifter** than rumor.) (Titus Livius)

⑧ 最上級の後では、繰りかえしを避けるために、名詞を省くことがある (⇨ S.46 **1** ①)。

Verbotene Früchte sind **die süßesten**. ← die süßesten Früchte
(Forbidden fruit is **the sweetest**.) (Ovid)

⑨ 形容詞としては使わない副詞もある。(⇨ S.42 **1** ④)

gern (gladly)	−	lieber	−	am liebsten	bald (soon)	−	eher	−	am ehesten
oft (often)	−	öfter	−	am öftesten	wohl (well)	−	besser	−	am besten

🎧 **Übung 1** 次の文を見て、( )に日本語を、＿＿にドイツ語を補い、和訳しよう。
2-38

Aufmerksamkeit ist die höchste aller Fertigkeiten und Tugenden. (Goethe)

a. ist の後の die と結びつく名詞は Fertigkeiten und Tugenden ではない。これらの複数名詞と結びつくとしたら、höchste ではなく、＿＿＿＿＿＿＿＿＿＿＿ でなければならないからである(⇨ S.44 **1** ①)。die の後の höchste は、( )性名詞（単数）の後続を、すなわち、＿＿＿＿＿＿＿＿＿＿ と ＿＿＿＿＿＿＿＿＿＿ の省略を示している。複数名詞 Fertigkeiten und Tugenden は、aller と結びついているので、( )格である。

b. höchste を辞書でひくときは、格変化語尾の＿＿＿ をとらなければならない。その原級は ＿＿＿＿＿＿＿ である(⇨ S.46 **3** ②)。

訳

🎧 **Übung 2** 和訳しよう。
2-39

1. Leben ist nichts anderes als der Umgang mit der Welt. (Ortega y Gasset)
2. Fürchte dich nicht vor der Veränderung, eher vor dem Stillstand. (Laotse)
3. Durch ein Unterlassen kann man genauso schuldig werden wie durch Handeln. (Konrad Adenauer)
4. Der Mensch verlangt nicht so sehr nach Gott als nach dem Wunder. (Dostojewski)
5. Siehe, kein Wesen ist so eitel und unbeständig wie der Mensch. (Homer)
6. Einer neuen Wahrheit ist nichts schädlicher als ein alter Irrtum. (Goethe)
7. Der Mensch besitzt nichts Edleres und Kostbareres als die Zeit. (Beethoven)
8. Gut sein ist edel. Andere lehren, gut zu sein, ist noch edler. Und leichter. (Mark Twain)
9. Alte Freunde sind wie alter Wein, er wird immer besser, und je älter man wird, desto mehr lernt man dieses unendliche Gut zu schätzen. (Franz von Assisi)
10. Der gerade Weg ist der kürzeste, aber es dauert meist am längsten, bis man auf ihm zum Ziele gelangt. (Lichtenberg)

Lektion 13　Teil 1

1 指示代名詞

2-40

　der は本来、名詞を伴わない代名詞であり、特定の人・物を強く指示する。これを**指示代名詞**という。その格変化は定冠詞（⇨ S.6 **2** ）のときとは少し異なり、次の通りである。

格	m.	n.	f.	pl.
1	der	das	die	die
2	**des*sen***	des*sen*	der*en*	der*en*
3	dem	dem	der	den*en*
4	den	das	die	die

① 指示代名詞は人称代名詞（⇨ S.22 **1** ）の代わりに使う。指示力が人称代名詞より強いため、文頭にあることが多い。

　　Orchester haben keinen eigenen *Klang*; **den** macht der Dirigent.　　← den Klang
　　(Orchestras have no own sound; it is the conductor that makes it.) (Karajan)

② 同一の性・数が並ぶとき、近くのものを指示するために使う。

　　Siegfried besiegt *Gunther* und **dessen** Brüder Gernot und Giselher.　← Gunthers
　　*(Siegfried defeats Gunther and **his** brothers Gernot and Giselher.)*
　　※ 2 格を使った dessen Brüder は、それだけでは何格であるかが分からないので注意しよう。ここの dessen Brüder は 4 格であるが、それは、besiegt の目的語だからである。（⇨ S.6 **2** ※）

③ 繰りかえしを避けるために使う（人称代名詞（⇨ S.22 **1** ）と異なり、修飾語句がつく）。

　　Die Liebe ist *das Kind* der Freiheit und niemals **das** der Beherrschung.　← das Kind
　　*(Love is the child of freedom, never **that** of domination.)* (Erich Fromm)

④ 指示代名詞 das は es（⇨ S.27 **3** ）と同様にさまざまに使う。「これは〜」と紹介するときなどにも、性・数に関わりなく das を使う。

　　Charakter ─ **das** ist eine Zeitfrage.
　　(Character is a question of time.) (Brecht)

　　Das is mein Leben.
　　*(**This** is my life.)*

2 代名詞 dieser, einer, meiner など

2-41

　定冠詞類や不定冠詞（類）も、名詞を伴わない代名詞として使うことができる。どの名詞をうけるかを考えよう。そのような名詞が見あたらないときは、Mann, Frau, Leute, Ding のいずれかの省略を考えると分かりやすい（⇨ S.46 **1** ②）。なお、この用法に 2 格はない。

① 代名詞の dieser などは、定冠詞類（⇨ S.7 **3** ）と同様に格変化する。

　　Vielleicht gibt es schönere Zeiten, aber **diese** ist die unsrige.　←　diese Zeit
　　*(There may be more beautiful times, but **this one** is ours.)* (Sartre)

　　Jeder ist seines eigenen Glückes Schmied.　　　　　　　←　jeder Mann
　　*(**Each man** is the maker of his own fortune.)* (Appius Claudius)

　　Übung ist **alles**.　　　　　　　　　　　　　　　　　　←　alles Ding
　　*(Practice is **everything**.)* (Periander)

② 不定冠詞 ein や不定冠詞類 mein など (⇨S.10 **1** **2**) は、代名詞としては、**dieser** などと同様に**格変化する**。そのため、これらの代名詞の代表は、以下、einer, meiner と表記する。

格	m.	n.	f.	pl.
1	mein**er**	mein**[e]s**	meine	meine
3	meinem	meinem	meiner	meinen
4	meinen	mein**[e]s**	meine	meine

※ 男性1格、中性1・4格に語尾がつくのは、性・格を示すためである。(⇨S.42 **1** ③)
※ 中性1・4格の語尾 -es は -s となることがある。

> Das Leben ist nur ein *Moment*, der Tod ist auch nur **einer**. ← ein Moment
> *(Life is but a moment, death also is but **another**.)* *(Schiller: Maria Stuart)*

> Arbeit ist **einer** der besten Erzieher des Charakters. ← ein Erzieher
> *(Work is **one** of the best educators of practical character.)* *(Smiles)*

> Jedermann sagt es, **keiner** weiß es. ← kein
> *(Everybody says it, **nobody** knows it.)* ＊諺

Übung 1 次の文を見て、(　　) に日本語を、＿＿にドイツ語を補い、和訳しよう。
2-42

Der einzige Weg, einen Freund zu haben, ist der, selbst einer zu sein. *(Emerson)*

a. この文の定動詞は＿＿＿＿＿である。その前は一つのものと考えられるため、einen Freund zu haben は形容詞的用法として＿＿＿＿＿を修飾していると考えられる。

b. ist の後の der は名詞を伴っていない。これは、＿＿＿＿＿の繰りかえしを避けるための代名詞である。その後の zu 不定詞句はこの代名詞を修飾している。

c. einer は名詞を伴っていない。これは、＿＿＿＿＿＿＿の繰りかえしを避けるための代名詞である。einer は、文脈と形から、(　　)性名詞の(　　)格である。なお、selbst は、ここでは、「自ら」を意味する副詞である(⇨S.23 **3** ※)。

訳

Übung 2 和訳しよう。
2-43

1. Charme kann man nicht lernen — den hat man, oder man hat ihn nicht. *(Johannes Heesters)*

2. Es gibt Wichtigeres im Leben, als ständig dessen Geschwindigkeit zu erhöhen. *(Gandhi)*

3. Lebe dein Leben, nicht das der anderen.

4. Wenige Menschen denken, und doch wollen alle entscheiden. *(Friedrich der Große)*

5. Eines Tages wird alles gut sein, das ist unsere Hoffnung. Heute ist alles in Ordnung, das ist unsere Illusion. *(Voltaire)*

6. Das gute Gedächtnis. — Mancher wird nur deshalb kein Denker, weil sein Gedächtnis zu gut ist. *(Nietzsche)*
   ※ deshalb は、先行して weil 文を指示している。

7. Der Gesunde hat viele Wünsche, der Kranke nur einen. ＊諺

8. Schweigen ist eine der großen Künste der Konversation. *(William Hazlitt)*

9. Zwei Augen hat die Seele: eines schaut in die Zeit, das andere in die Ewigkeit. *(Silesius)*

10. Die gebratenen Tauben fliegen einem nicht ins Maul. ＊諺

1 指示代名詞の補足説明

2-44

① **物**を指す指示代名詞は、前置詞の目的語となるとき、前置詞と融合して〔da[r]-前置詞〕となる（⇨ S.24 **1** ①）。

② dies[es]や jen[es]にも、性・数に関わらない das（⇨ S.50 **1** ④）と同様の用法がある。

③ der と同様に、名詞の前に位置する用法と代名詞としての用法とを共に持つものとして derselbe がある。derselbe の der- は定冠詞と、-selbe は定冠詞の後の形容詞と同様に格変化する（⇨ S.44 **1** ①）。これは**同一の人・物**を意味する。

格	m.	n.	f.	pl.
1	derselbe	dasselbe	dieselbe	dieselben
2	desselben	desselben	derselben	derselben
3	demselben	demselben	derselben	denselben
4	denselben	dasselbe	dieselbe	dieselben

Die Welt bleibt immer **dieselben**.
*(The world remains always **the same**.) (Goethe)*

2 代名詞 welcher

2-45

不可算名詞や複数名詞を指すときは、代名詞 einer の代わりに welcher（⇨ S.7 **3**）を使う。

Die schärfsten Kritiker der *Elche* waren früher selber **welche**. ← Elche
*(The sharpest critics of the elks used to be **ones** themselves.) (F. W. Bernstein)*

3 冠詞（類）の重複用法

2-46

冠詞（類）は重複して使うことができる。そのさい、後者の冠詞（類）は形容詞と同様に格変化する。形容詞と同様に、名詞の省略（⇨ S.46 **1**）や名詞化（⇨ S.46 **2**）もある。

Ein jed*er* Fuchs lobt seinen Schwanz.
*(**Every fox** praises its own tail.)* ＊諺

Weise will **ein jed*er*** sein, niemand will es werden. ← ein jeder Mann
*(**Every one** would be wise; no one will become so.) (Feuchtersleben)*

Der eine bedarf der Zügel, **der andere** der Sporen. ← der eine Mann
*(**One of them** needs the rein, **the other** the spur.) (Cicero)*

4 数詞

2-47

① 基数（⇨ S.iv Übung 1）は、eins を除き、格変化しない。

In **fünfzig** Jahren ist alles vorbei.
*(In **fifty** years, everything is over.) (Otto Reutter)*

② 序数は、19 までなら〔基数-t〕、20 以上なら〔基数-st〕と表現する。ただし、「第 1 の」は erst、「第 3 の」は dritt、「第 8 の」は acht となる。

Im Krieg ist das **erste** Opfer die Wahrheit.
*(In war, truth is the **first** casualty.) (Aischylos)*

Wir dürfen den **8.** Mai 1945 nicht vom **30.** Januar 1933 trennen.
*(We must not separate the **8th** of May 1945 from the **30th** of January 1933.) (Weizsäcker)*

③「～ごと」は〔jeder + 序数〕で表現する。

Wir lernen Deutsch jeden zweiten Tag.
*(We learn German **every second** day.)*

④「～番目に…」は〔序数-最上級〕で表現する。(⇨ S.47 **3** ④)

Der Watzmann ist der dritthöchste Berg in Deutschland.
*(The Watzmann is the **third** highest mountain in Germany.)*

⑤ 倍数は -fach で表現する。これは「～倍の…」や「～重の…」を意味する。「二重の…」を意味するときは、zweifach の代わりに doppelt を使うこともできる。

Auf zu große Zuneigung folgt hundertfache Abneigung.
(The greatest hate springs from the greatest love.) ＊諺

⑥ 反復数は -mal で表現する。

Fällst du siebenmal, stehe achtmal auf.
(Fall seven times, stand up eight.) ＊諺

⑦〔基数-mal + so + 原級 + wie（als）...〕で「…の～倍」を意味する (⇨ S.47 **3** ⑤)。zweimal の代わりに doppelt を使うこともできる。-mal でなく halb を使うときは、「…の半分」を意味する。

Der Mensch hat zwei Ohren und eine Zunge, damit er doppelt so viel hören kann, wie er spricht.
*(We have two ears and one mouth so that we can listen **twice as much as** we speak.)* *(Epiktet)*

🎧 **Übung** 和訳しよう。
2-48

1. Dumme Menschen sind schon deshalb leicht als eitel zu erkennen, weil ihnen die Intelligenz fehlt, dies zu verbergen. *(Robert Musil)*

2. Nicht Mangel an Ideen — denn man hat immer welche —, sondern an neuen macht Langeweile. *(Jean Paul)*

3. Vor Fehlern ist niemand sicher. Das Kunststück besteht darin, denselben Fehler nicht zweimal zu machen. *(Edward Heath)*

4. Wenn zwei Menschen immer dasselbe denken, ist einer von ihnen überflüssig. *(Churchill)*

5. Der Krieg ist ein Akt der Gewalt, und es gibt in der Anwendung derselben keine Grenzen. *(Clausewitz)*

6. Ein jeder Mensch arbeitet im Auftrage Gottes. Die meisten, ohne es zu wissen. *(Paul Ernst)*

7. All unser Übel kommt daher, dass wir nicht allein sein können. *(Schopenhauer)*
   ※ der や mein などの前の all は語尾を持たないことが多い。

8. Patriotismus ist Liebe zu den Seinen; Nationalismus ist Hass auf die anderen. *(Weizsäcker)*

9. Ich will nicht anklagen, ich will nicht einmal die Ankläger anklagen. *(Nietzsche)*

10. Man kann die Welt oder sich selbst ändern. Das Zweite ist schwieriger. *(Mark Twain)*

🎧 **1** 関係代名詞 der
2-49

der は**関係代名詞**ともなる。関係代名詞の基本は、副文（**関係文**）を導き、先行する名詞（**先行詞**）を修飾する点にある。関係代名詞は**性と数に関して先行詞に従う**。関係代名詞の格変化は、指示代名詞のそれと同一である（⇨ S.50 **1**）。関係文はコンマで主文と区別され（⇨ S.18 **1** ②）、関係文内の**頭に関係代名詞**が、**末に定動詞**が位置する。なお、ドイツ語の関係代名詞は、英語とは異なり、省略できない。

Ich habe *einen Freund*, **der** Deutsch *spricht*.
*(I have a friend **who** speaks German.)*
　　　← **Der Freund** spricht Deutsch. / **Er** spricht Deutsch.

Ich habe *einen Freund*, **den** jeder *respektiert*.
*(I have a friend **whom** everyone respects.)*
　　　← Jeder respektiert **den Freund**. / Jeder respektiert **ihn**.

Ich habe *einen Freund*, **dem** jeder *vertraut*.
*(I have a friend **whom** everyone trusts.)*
　　　← Jeder vertraut **dem Freund**. / Jeder vertraut **ihm**.

Ich habe *einen Freund*, **dessen** *Worten* jeder *traut*.
*(I have a friend **whose** words everyone trusts.)*
　　　← Jeder traut *den Worten* **des Freundes**.
　　　　Jeder traut **des Freundes** *Worten*. (⇨ S.6 **2** ※)
　　　　Jeder traut **seinen** *Worten*.

Das ist der Füller, **mit dem** ich immer schreibe. ※
*(This is the fountain pen **with which** I always write. / ... pen **which** I always write **with**.)*
※ 英語と異なり、ドイツ語では、〔前置詞＋関係代名詞〕は分離できない。

🎧 **2** 疑問詞
2-50

① 疑問詞の wer *(who)* と was *(what)* は、**性・数に関わりなく**、次のように格変化する。（⇨ S.2 **2** ④）

1	wer	was
2	wessen	(wessen)
3	wem	
4	wen	was

② 疑問詞は、主文内で 1 つの名詞にあたる副文（**間接疑問文**）を導くこともできる（⇨ S.18 **1** ②）。

Ich weiß nicht, **wer** er *ist*.　　　　　　*(I don't know **who** he is.)*
　　　　　　　wen er *liebt*.　　　　　　*(I don't know **whom** he loves.)*
　　　　　　　an **wen** er *denkt*.　　　　*(I don't know of **whom** he is thinking.)*
　　　　　　　was er *liest*.　　　　　　*(I don't know **what** he is reading.)*
　　　　　　　wo er *wohnt*.　　　　　　*(I don't know **where** he lives.)*
　　　　　　　wann er *schläft*.　　　　*(I don't know **when** he sleeps.)*
　　　　　　　warum er *schweigt*.　　*(I don't know **why** he is silent.)*
　　　　　　　wie er *singt*.　　　　　　*(I don't know **how** he sings.)*
　　　　　　　wie alt er *ist*.　　　　　*(I don't know **how** old he is.)*
　　　　　　　welches Buch er *liest*. *(I don't know **which** book he is reading.)*

Übung 1 次の文を見て、（　）に日本語を、＿＿にドイツ語を補い、和訳しよう。

Avantgardisten, das sind Leute, die nicht genau wissen, wo sie hinwollen, aber als erste da sind. *(Romain Gary)*

※ Avantgardist：前衛芸術家（男性弱変化名詞）

a. この文の das は、直後の第２位に定動詞があるがゆえに、（　　　　　　　　）詞である。＿＿＿＿＿＿＿＿＿＿をうけている（⇨ S.50 **1** ④）。

b. この文の die は、副文末に定動詞が位置するがゆえに、（　　　　　）名詞である。これが導く副文は＿＿＿＿＿＿を修飾している。なお、この副文の定動詞は＿＿＿＿＿＿＿と＿＿＿＿＿＿の２つである。

c. erste の後には、＿＿＿＿＿＿＿＿の省略を考えると分かりやすい（⇨ S.46 **1** ①）。

d. hinwollen という動詞は辞書には見あたらないかもしれない。そのときには合成語の可能性を考えよう。これは＿＿＿＿と＿＿＿＿＿＿＿からなる分離動詞である。疑問詞 wo の導く副文は＿＿＿＿＿＿＿＿の目的語にあたる。この副文は、もとは１つの疑問文であると考えると分かりやすい。これを１つの文として独立させると、次のようになる。

→ Wo ＿＿＿＿＿＿＿＿＿＿＿＿＿＿＿＿＿？

訳

Übung 2 和訳しよう。

1. Ein Rezensent, das ist ein Mann, der alles weiß und gar nichts kann! *(Ernst von Wildenbruch)*
2. Eine Mutter ist der einzige Mensch auf der Welt, der dich schon liebt, bevor er dich kennt. *(Pestalozzi)*
3. Ein Mensch, dem nicht jeden Tag wenigstens eine Stunde gehört, ist kein Mensch. *(Martin Buber)*
4. Für einen Vater, dessen Kind stirbt, stirbt die Zukunft. Für ein Kind, dessen Eltern sterben, stirbt die Vergangenheit. *(Berthold Auerbach)*
5. Diktatur ist ein Staat, in dem sich alle vor einem fürchten und einer vor allen. *(Alberto Moravia)*
6. Es ist ein großer Vorteil im Leben, die Fehler, aus denen man lernen kann, frühzeitig zu machen. *(Churchill)*
7. Frag nicht, was das Leben dir gibt, frag, was du gibst. *(Alfred Adler)*
8. Wie ich nicht weiß, woher ich komme, weiß ich auch nicht, wohin ich gehe. *(Pascal)*
9. Erst wenn man genau weiß, wie die Enkel ausgefallen sind, kann man beurteilen, ob man seine Kinder gut erzogen hat. *(Erich Maria Remarque)*
10. Niemand weiß, wie weit seine Kräfte gehen, bis er sie versucht hat. *(Goethe)*

Lektion 14　Teil 2

🎧 ❶ 関係代名詞 der の補足説明
2-53

① welcher も関係代名詞となる。その格変化は、定冠詞類のときと同一である（⇨ S.7 ❸）。なお、この用法に 2 格はない。

> Ich habe einen Freund, **welcher** Deutsch *spricht*. (⇨ S.54 ❶)

② 先行する名詞をうける副文内の人称代名詞は wie と一緒に関係文の一種を作り、「～のような」を意味する。

> Alle Menschen, **wie sie** zur Freiheit gelangen, machen ihre Fehler geltend.
> *(All men, as they attain freedom, give play to their errors.) (Goethe)*

③〔es ist ～, 関係代名詞 …〕で強調構文が作られる。「…なのは～である」という訳が適切なことが多い。関係代名詞の性・格は、強調するものに従う。

> **Es ist** *der Geist*, **der** sich den Körper baut.　←　Der Geist baut sich den Körper.
> *(**It is** the mind **that** builds the body.) (Schiller: Wallenstein)*

④ 指示代名詞（⇨ S.50 ❶）も関係代名詞の先行詞となる。

> Gott hilft **denen**, *die* sich selber helfen.
> *(God helps **those** who help themselves.) (Franklin)*

⑤ 関係代名詞の先行詞として使われるものに derjenige がある。これは derselbe（⇨ S.52 ❶ ③）と同様に格変化する。名詞を伴う用法も、名詞を伴わない用法もある。

> Die Zeit verweilt lange genug für **denjenigen**, *der* sie nutzen will.
> *(Time stays long enough for **anyone** who will use it.) (Leonardo da Vinci)*

> **Diejenigen** Berge, über *die* man im Leben am schwersten hinwegkommt, häufen sich immer aus Sandkörnchen auf.
> *(**Those** mountains, that are the most difficult to overcome in life, they are also only made out of little grains of sand.) (Hebbel)*

⑥ 複数 2 格の指示代名詞 deren（⇨ S.50 ❶）は、関係代名詞の先行詞となるときは **derer** となる。

> Amüsement ist das Glück **derer**, *die* nicht denken können.
> *(Amusement is the happiness of **those** who cannot think.) (Alexander Pope)*

⑦ 先行詞が**物**であれば、〔前置詞＋関係代名詞〕は〔**wo[r]-前置詞**〕（⇨ S.52 ❶ ①）でもよい。

> Das ist der Füller, **womit**（**mit dem**）ich immer schreibe. (⇨ S.54 ❶)

🎧 ❷ 疑問詞の補足説明
2-54

① 疑問詞 was は前置詞を伴うと、融合形の〔**wo[r]-前置詞**〕となる。

> **Worauf** wartest du noch?　　　　　　　　*(**What** are you waiting **for**?)*
> Ich verstehe nicht, **worauf** du wartest.　　*(I don't understand **what** you are waiting **for**.)*

② 疑問詞〔**was für ein ... / einer**〕は「どのような～」を意味する（英語の〔what kind of ...〕にあたる）。名詞を伴うときは不定冠詞の ein（⇨ S.10 ❶）を、伴わないときは代名詞の einer（⇨ S.51 ❷ ②）を使う。ein や einer の格は、文中での役割により決まる。

> **Was für** *einen* Anzug mögen Sie?　　　*(**What kind of suit** do you like?)*
> In **was für** *einem* Anzug gehen Sie zur Party?　*(In **what kind of suit** will you go to the party?)*
> Ich habe nur *einen Anzug*.　　　　　　*(I have only one suit.)*
> 　— **Was für** *einer* ist das?　　　　　*(**What kind of suit** is it?)*

③ 不可算名詞や複数名詞では、上の ein や einer は使わない。また、名詞を伴わない代名詞として
は welcher を使う。(⇨ S.52 **2**)

> **Was für *Anzüge*** haben Sie?   (***What kind of suits*** *do you have?*)
> Sie trinkt abends immer Wein.   (*She always drinks wine in the evening.*)
>   — **Was für *welchen*** trinkt sie?   (***What kind of wine*** *does she drink?*)

🎧 **3** 疑問詞を用いた認容文
2-55

「～しようとも／～であろうとも」という**認容文**は〔疑問詞 + **auch immer**〕で表現する（auch
や immer は欠けてもよい。また、mögen を使うこともある）。認容文は後続する主文の語順に影響
を与えない。

> **Wohin** du **auch** gehst, geh mit deinem ganzen Herzen.
> (***Wherever*** *you go, go with all your heart.*) (*Konfuzius*)

> **Wofür** ein Mensch **auch** beten mag — er betet um Wunder.
> (***Whatever*** *a man prays for, he prays for a miracle.*) (*Turgenjew*)

🎧 **Übung 1** 次の文を見て、(　　) に日本語を、＿＿ にドイツ語を補い、和訳しよう。
2-56

Der Mensch besitzt die Fähigkeit Sprachen zu bauen, womit sich jeder Sinn ausdrücken
lässt, ohne eine Ahnung davon zu haben, wie und was jedes Wort bedeutet. *(Wittgenstein)*

a. womit の wo- が関係代名詞・疑問詞のいずれであるかは、womit 文の主文内での働きから決ま
る。ここでは、womit 文を省いても、主文に不足する要素がない。それゆえ、womit の wo- は、
副文に修飾の働きをさせる（　　　　　　　）詞である。先行詞は＿＿＿＿＿＿＿＿である。

b. wie と was は（　　　　）詞である。これらが導く副文は＿＿＿＿の（　　　　）語にあたる
(⇨ S.20 **1** ③)。

訳

🎧 **Übung 2** 和訳しよう。
2-57

1. Das Betragen ist ein Spiegel, in welchem jeder sein Bild zeigt. *(Goethe)*
2. Die Demokratie, wie ich sie verstehe, muss dem Schwächsten die gleichen
   Chancen zusichern wie dem Stärksten. *(Gandhi)*
3. Der Zweifel ist's, der Gutes böse macht. *(Goethe)*
4. Wir lernen nur von denen, die wir lieben. *(Goethe)*
5. Es gibt keine Landstraße für die Wissenschaft, und nur diejenigen haben Aussicht,
   ihre lichten Höhen zu erreichen, die die Mühe nicht scheuen, ihre steilen Pfade zu
   erklimmen. *(Marx)*
6. Die Zukunft ist die Ausrede derer, die in der Gegenwart nichts tun wollen. *(Harold Pinter)*
7. Die Erinnerung ist das einzige Paradies, woraus wir nicht vertrieben werden
   können. *(Jean Paul)*
8. Es ist nicht so wichtig, wofür sich der Jüngling begeistert, wenn er sich nur
   begeistert. *(Goethe)*
9. Erfahrung ist eine Schule, in der ein Mensch lernt, was für ein großer Dummkopf er
   gewesen ist. *(Josh Billings)*
10. Was immer du tun kannst oder wovon du träumst — fang damit an. Mut hat Genie,
    Kraft und Zauber in sich. *(Goethe)*

🎧 **1** 関係代名詞 was
2-58

① was も関係代名詞となる。具体的内容を欠く中性名詞が先行詞となる（不定代名詞の etwas, nichts など（⇨S.23 **3**）、名詞化された形容詞（⇨S.46 **2** ②）、指示代名詞の das（⇨S.50 **1**）、名詞を伴わない代名詞の alles など（⇨S.50 **2** ①））。was は関係文内で 1 格か 4 格として働く（⇨S.54 **2** ①）。

> Rede nicht über *etwas*, **was** du nicht genau kennst.
> *(Don't talk about **what** you don't know exactly.)* ＊諺

> *Alles*, **was** wir sind, ist das Ergebnis *dessen*, **was** wir dachten.
> *(All **that** we are is the result of **what** we have thought.)* (Buddha)

② 関係代名詞 was には、先行詞を欠く用法もある。そのさい、was が導く関係文は、主文のうちで 1 つの名詞にあたる働きをして、「～なもの／～なこと」を意味する。文内での関係文の格は指示代名詞 das, dessen, dem, das（⇨S.50 **1**）により示される。ただし、これは、〔was － das〕のように形態が同一のとき省略できる。

> **Was** die Augen sehen, [*das*] glaubt das Herz.
> *(Seeing is believing.)* ＊諺

> **Was** ich erklären kann, *dessen* Herr bin ich.
> *(I am master of everything I can explain.)* (Theodor Haecker)

🎧 **2** 関係代名詞 wer
2-59

　wer も関係代名詞となる。先行詞を伴うことなく、「～する人」を意味する。wer の関係文内での格は wer, wessen, wem, wen により示される（⇨S.54 **2** ①）。文内での関係文の格は指示代名詞 der, dessen, dem, den（⇨S.50 **1**）により示される。ただし、これは〔wer － der〕や〔wen － den〕のとき省略されうる。

> **Wer** zuletzt lacht, [*der*] lacht am besten.
> *(**He who** laughs last, laughs best.)* ＊諺

> **Wen** die Götter lieben, *der* stirbt jung.
> *(**Whom** the gods love die young.)* ＊諺

> **Wessen** Brot ich esse, *dessen* Lied singe ich.
> *(**Whose** bread I eat, his song I sing.)* ＊諺

🎧 **3** 関係副詞
2-60

① 関係副詞とは、関係文（⇨S.54 **1**）を導く副詞である。副詞の疑問詞（疑問副詞）が転用されて関係副詞となることが多い。なお、wo は、時を表わす先行詞にも使うことができる。

> An *dem Punkt*, **wo** der Spaß aufhört, beginnt der Humor.
> *(The humor begins at the point **where** the joke ends.)* (Werner Finck)

> Die Summe unseres Lebens sind *die Stunden*, **wo** wir lieben.
> *(The sum of our lives are the hours **when** we were in love.)* (Wilhelm Busch)

② 関係副詞は〔前置詞＋関係代名詞〕に代替可能なことが多い（前置詞を使う方が好まれる）。

> Die Summe unseres Lebens sind *die Stunden*, **in denen** wir lieben.
> *(The sum of our lives are the hours **in which** we love.)*

Übung 1 次の文を見て、（　）に日本語を、＿＿にドイツ語を補い、和訳しよう。

2-61

Es gibt im Menschenleben Augenblicke, wo er dem Weltgeist näher ist als sonst. *(Schiller: Wallenstein)*

a. この文の定動詞は＿＿＿＿＿＿＿である。その主語は、形式的な＿＿＿＿であり（⇨ S.27 **3**）、その目的語は＿＿＿＿＿＿＿＿＿である。

b. wo は副文を導いている。副文を見たときは、それが主文内で何にあたる働きをしているかを考えなくてはならない。S.54 **2** ②の „Ich weiß nicht, *wo er wohnt.*“ では、wo 文が欠けると、他動詞 weiß の目的語にあたるものが見あたらない。そのため、〔wo er wohnt〕は weiß の目的語にあたる。それに対して、上の文では、wo 文が欠けても、主文が成立している。この wo は（　　　　　）詞ではなく、（　　　　　　　　）詞である。

c. この文の wo は、前置詞と関係代名詞を使って、＿＿＿＿＿＿＿＿＿＿＿＿＿と表現することもできる。

訳

Übung 2 次の文を見て、（　）に日本語を、＿＿にドイツ語を補い、和訳しよう。

2-62

Wer nicht kann, was er will, muss wollen, was er kann. *(Leonardo da Vinci)*

a. 主文の定動詞は、第２位の＿＿＿＿＿＿＿である。これと結びつく＿＿＿＿＿＿＿＿は助動詞ではなく、本動詞として使われている。

b. 副文の was は、疑問詞（⇨ S.54 **2** ②）・関係代名詞のいずれであるかが分かりにくい。その働きを示す指示代名詞 das, dessen, dem, das を欠くときは、意味により、いずれであるかを決定する（決定する必要のないこともある）。最初の was 文は＿＿＿＿＿＿＿＿の、第２の was 文は＿＿＿＿＿＿＿＿＿の目的語にあたり、いずれの was も（　　　　　　　）詞である。

c. wer 文に関しても、その働きを示す指示代名詞 der, dessen, dem, den を欠くときは、上と同様に考えられる。ここでは（　　　　　　　　　）詞であり、＿＿＿＿＿＿＿の前に der が省かれていると考えられる。

訳

Übung 3 和訳しよう。

2-63

1. Bildung ist das, was einem bleibt, wenn der letzte Dollar weg ist. *(Mark Twain)*
2. Liebe ist das einzige, was wächst, indem wir es verschwenden. *(Ricarda Huch)*
3. Sei gewiss, dass nichts dein Eigentum ist, was du nicht inwendig in dir hast. *(Claudius)*
4. Was wir nicht denken können, das können wir nicht denken; wir können also auch nicht sagen, was wir nicht denken können. *(Wittgenstein)*
5. Was man nicht aufgibt, hat man nie verloren. *(Schiller: Maria Stuart)*
6. Wer spricht, was er will, der hört, was er nicht will. *(Terenz)*
7. Wer fremde Sprachen nicht kennt, weiß nichts von seiner eigenen. *(Goethe)*
8. Wer nicht sehen will, dem hilft keine Brille.　＊諺
9. Das Glück kommt gern in ein Haus, wo Freude herrscht.　＊諺
10. In dem Moment, wo du einen Mann anlügst, hörst du auf, ihm zu vertrauen. *(Micheline Presle)*

🎧 **1** 関係代名詞 **was** の補足説明

2-64

① 関係代名詞 was は、前置詞を伴うと〔**wo[r]-前置詞**〕の融合形となる。関係代名詞 der や疑問詞 was が前置詞を伴うときも同形の融合形となるので注意しよう（⇨ S.56 **1** ⑦ , S.56 **2** ①）。

> Der Mensch kann fast *alles* erreichen, **wofür** er sich begeistert.
> *(A man can succeed at almost anything **for which** he has unlimited enthusiasm.) (Charles M. Schwab)*

② was 文（関係文）の格を示す指示代名詞 das, dessen, dem, das（⇨ S.58 **1** ②）は、前置詞を伴うと、〔**da[r]-前置詞**〕の融合形となる（⇨ S.52 **1** ①）。

> *Wovon* man nicht sprechen kann, **darüber** muss man schweigen.
> *(Whereof one cannot speak, **thereof** one must be silent.) (Wittgenstein)*

③ was 文（関係文）の先行詞となる指示代名詞 das, dessen, dem, das（⇨ S.58 **1** ①）は、前置詞を伴っても融合形にならない。

> Die Menschen glauben fest **an das**, *was* sie wünschen.（× daran）
> *(Men willingly believe what they wish.) (Caesar)*

🎧 **2** 関係副詞の補足説明

2-65

① 関係文内での働きや、先行詞との関係が、関係副詞のいずれを使うかを決定する。

> *Die Art*, **wie** man gibt, bedeutet mehr, als was man gibt.
> *(It matters more **how** one gives than what one gives.) (Corneille)*

> Es gibt *einen Grund*, **warum** alle Dinge so sind, wie sie sind.
> *(There is **a reason why** all things are as they are.) (Bram Stoker)*

> Weißt du die *Zeit*, **wann** die Gemsen auf den Felsen gebären?
> *(Do you know the time **when** the goats of the rock bear?) (Bibel)*

② 先行詞が地名のとき、関係副詞は wo でなければならない（〔前置詞＋関係代名詞〕は使えない）。（⇨ S.58 **3** ②）

> Ich besuche *Tübingen*, **wo** Hegel, Schelling und Hölderlin studierten.（× in dem）
> *(I visit Tuebingen, **where** Hegel, Schelling and Hoelderlin studied.)*

③ 名詞のみならず、副詞も、関係副詞の先行詞となる。先行詞となる副詞は、〔dort — wo〕のように形態が同一のとき、省かれることが多い。

> *Dort*, **wo** man Bücher verbrennt, verbrennt man am Ende auch Menschen.
> *(**Where** they burn books, they will too in the end burn people.) (Heine)*

> Gehe nicht, **wohin** der Weg führen mag, sondern *dorthin*, **wo** kein Weg ist, und hinterlasse eine Spur.
> *(Do not go **where** the path may lead, go instead **where** there is no path and leave a trail.) (Jean Paul)*

⑤ 関係文を後から副詞がうけることがある。

> **Wo** ein Wille ist, [*da*] ist auch ein Weg.
> *(**Where** there's a will, there's a way.)*　＊諺

3 感嘆文

2-66

① 感嘆文はさまざまに作られるが、疑問文からの転用が代表的である。感嘆文は、感嘆符（!）を伴うことが多い。

Wie wunderbar ist diese Welt!　*(How wonderful this world is!)*

② 疑問詞で始まる感嘆文では、副文の語順（定動詞後置）となることも多い。

Wie wunderbar diese Welt ist!　*(How wonderful this world is!)*

③ 〔**was für ein ... / einer**〕（⇨ S.56 **2** ②）を用いた感嘆文は、「なんという～」を意味する（英語の〔what a ...〕にあたる）。

Was für eine wunderbare Welt!　*(What a wonderful world!)*

④ 上の〔was für ein ... / einer〕は〔**welch ein ...**〕でも表現できる。この用法では、ein が格変化して、welch は語尾を持たない。形容詞が後続するときは、形容詞が格変化して、ein が落ちることがある。welcher が格変化して、ein が落ちることもある。

Welch eine wunderbare Welt!　/　Welch wunderbare Welt!
Welche wunderbare Welt!　　　/　Welche Welt!

Übung 1　次の文を見て、（　）に日本語を、＿＿にドイツ語を補い、和訳しよう。

2-67

Aus der Art, wie das Kind spielt, kann man erahnen, wie es als Erwachsener seine Lebensaufgabe ergreifen wird. *(Rudolf Steiner)*

a. 最初の wie は（　　　　　　）詞である。この wie 文が省略可能なこと、＿＿＿＿＿＿が先行していることから、そう判断できる。

b. 辞書によっては erahnen が見あたらないが、これは、接頭辞 er- と基礎動詞 ahnen とからなり、「予感する」を意味する。その目的語にあたる副文を導く第 2 の wie は（　　　　　　）詞である（⇨ S.54 **2** ②）。

訳

Übung 2　和訳しよう。

2-68

1. Das Höchste, wozu der Mensch gelangen kann, ist das Erstaunen. *(Goethe)*
2. Wofür man vom Erlebnisse her keinen Zugang hat, dafür hat man kein Ohr. *(Nietzsche)*
3. Wir werden von dem geformt und gebildet, was wir lieben. *(Goethe)*
4. Freiheit bedeutet Verantwortlichkeit; das ist der Grund, warum die meisten Menschen sich vor ihr fürchten. *(Bernard Shaw)*
5. Viele lieben das Geld, aber nicht die Art, wie es verdient werden muss. *(Manfred Rommel)*
6. Du bist heute dort, wohin dich deine Gedanken gebracht haben; du wirst morgen dort sein, wohin dich deine Gedanken bringen. *(James Allen)*
7. Gebildet ist, wer Parallelen sieht, wo andere völlig Neues erblicken. *(Anton Graf)*
8. Was für ein hässliches Tier ist der Affe, und wie sehr ähnelt er uns. *(Cicero)*
9. Welch ein tragischer Irrtum, für eine Sache zu sterben, statt für sie zu leben! *(Karl Heinrich Waggerl)*
10. In meinen Adern welches Feuer! In meinem Herzen welche Glut! *(Goethe: Gedichte)*

1 接続法とその形

定動詞は、**法**という、話者の発言内容への態度に応じた形からも分類できる。すでに見た現在形・過去形は**直接法**といい、話者が事実と見なす内容を表現し、命令形は**命令法**といい、話者が事実となることを望む内容（命令・懇願）を表現する。これらに対して**接続法**というものがあり、これは、話者が事実であることを保留したり、事実に距離をおいた内容を表現する（潜在的に接続詞 dass が使われている）。接続法には、第１式と第２式の２つがある。

① 接続法第１式は〔動詞語幹-接続法語尾〕で表現する。

		lieben	sehen	wollen	sein
ich	−**e**	liebe	sehe	wolle	sei
du	−**est**	liebest	sehest	wollest	sei[e]st
er	−**e**	liebe	sehe	wolle	sei
wir	−**en**	lieben	sehen	wollen	seien
ihr	−**et**	liebet	sehet	wollet	seiet
sie	−**en**	lieben	sehen	wollen	seien

※１ sein のみ、不規則に変化する。他はすべて規則変化する。これは、定動詞で幹母音の変化する動詞（⇨ S.14 **2**）や、不規則に変化する助動詞（⇨ S.26 **2**）においても同様である。
※２ 接続法語尾は、第１式・第２式において同一である。

② 接続法第２式は〔過去基本形-接続法語尾〕で表現する。ただし、過去基本形（⇨ S.34 **1**）が -e で終わるときは、-e を重ねない（下では、liebteen や würdeen などとはならない）。

	lieben[※1] (liebte)	gehen (ging)	werden[※2] (wurde)	sein[※2] (war)
ich	liebte	ginge	würde	wäre
du	liebtest	gingest	würdest	wärest
er	liebte	ginge	würde	wäre
wir	liebten	gingen	würden	wären
ihr	liebtet	ginget	würdet	wäret
sie	liebten	gingen	würden	wären

※１ 規則動詞（⇨ S.34 **1** ①）と wollen, sollen の接続法第２式は直接法過去形と同形である。
※２ 不規則動詞（⇨ S.34 **1** ②）における a, o, u のすべては接続法第２式でウムラウトする。

2 接続法の用法

① 接続法第１式は、主語に対する**要求・命令・願望**を表現する。

Hier stehe ich! Ich kann nicht anders. Gott **helfe** mir! Amen.
*(Here I stand, I cannot do otherwise, God **help** me. Amen.) (Martin Luther)*

Der Herr, unser Gott, **sei** mit uns.
*(The Lord our God **be** with us.) (Bibel)*

Möge der Herr, unser Gott, mit uns sein.
*(**May** the Lord our God be with us.)*

② 他人の発言を話者の立場から述べる**間接話法**においても、接続法第１式を使う。ただし、接続法第１式が直接法と同形なら、接続法第２式を使う。

Nietzsche sagte, Gott **sei** tot. ／ Nietzsche sagte, dass Gott tot **sei**.
(Nietzsche said that God was dead.)

Er sagte, Gott **sei gestorben**. (⇨ S.38 **1** ①)
(He said that God had died.)

Ich war froh, dass ich sofort antworten konnte. Ich sagte, ich **hätte** keine Ahnung.
(I was gratified to be able to answer promptly. I said I don't know.) (Mark Twain)

③ 接続法第２式は**事実から自由な仮定**を表現する。これは今日、〔不定詞 + würden〕で表現されることが多いが、wäre（← sein）や hätte（← haben）、würde（← werden）と話法の助動詞はその限りではない。また、主文・副文のいずれか一方だけでもよい。

> Wenn ich ein Vogel **wäre**, **flöge** ich zu dir.
> *(If I **were** a bird, I **would fly** to you.)*
> ⇨　Wenn ich ein Vogel **wäre, würde** ich zu dir **fliegen**.
> Wenn ich ein Vogel **gewesen wäre**, **wäre** ich zu dir **geflogen**.
> *(If I **had been** a bird, I **would have flown** to you.)*
> Wenn ich nur fliegen **könnte**!
> *(If only I **could** fly.)*
> Ich **hätte** dir **geholfen**.
> *(I **would have helped** you.)*

Übung 1 次の文を見て、（　　）に日本語を、＿＿にドイツ語を補い、和訳しよう。

2-71

Das Höchste wäre: zu begreifen, dass alles Faktische schon Theorie ist. Die Bläue des Himmels offenbart uns das Grundgesetz der Chromatik. Man suche nur nichts hinter den Phänomenen: sie selbst sind die Lehre. *(Goethe: Maximen und Reflexionen)*
※ die Chromatik -/「色彩論」

a. wäre は sein の接続法第（　　）式である。これが使われているのは、（　　　　　）から自由な仮定を表現するためである。

b. 第３文の suche は ich の定動詞でも、＿＿＿＿＿＿の命令形でもない。この suche は、＿＿＿＿＿＿を主語とする suchen の接続法第（　　）式である。これが使われているのは、主語に対する（　　　　　）を表現するためである。

訳

Übung 2 和訳しよう。

2-72

1. Möge Gott mich nie verlassen! *(Pascal)*
2. Wer die Menschen kennen will, der studiere ihre Entschuldigungsgründe. *(Hebbel)*
3. Man sage nicht, das Schwerste sei die Tat. Das Schwerste dieser Welt ist der Entschluss. *(Grillparzer)*
4. Wer die Geschehnisse und Leidenschaften seiner Zeit nicht teilt, dem wird man nachsagen, er habe nicht gelebt. *(Edward Kennedy)*
5. Wenn du die Wahrheit sagst, gibt es nichts, was du im Kopf behalten müsstest. *(Mark Twain)*
6. Wenn ich wüsste, dass morgen die Welt unterginge, würde ich heute noch ein Apfelbäumchen pflanzen. *(Martin Luther)*
7. Wenn auf der Erde die Liebe herrschte, wären alle Gesetze entbehrlich. *(Aristoteles)*
8. Was nützte mir der ganzen Erde Geld? Kein kranker Mensch genießt die Welt. *(Goethe)*
9. Die Weltgeschichte ist auch Summe dessen, was vermeidbar gewesen wäre. *(Konrad Adenauer)*
10. O wenn mir Jupiter die vergangenen Jahre zurückgäbe! *(Vergil: Aeneis)*

★ 一般に、接続法第１式より、接続法第２式の方が、事実からの距離が遠い。

Lektion 16　Teil 2

🎧 1 接続法の形の補足説明
2-73

① -ern, -eln で終わる不定詞の接続法第 1 式では、以下のように -e- が落ちることがある。（⇨ S.4 1 ※ 2）

		wandern	handeln
ich	—**e**	wand[e]re	hand[e]le
du	—**est**	wanderst / wandrest	handelst / handlest
er	—**e**	wand[e]re	hand[e]le
wir	—**en**	wandern	handeln
ihr	—**et**	wandert / wandret	handelt / handlet
sie	—**en**	wandern	handeln

※アクセントのない母音の連続を避けるため -e- が落ちるが、落ち方は 1 通りではない。

② 強変化動詞・混合変化動詞（⇨ S.36 2）の接続法第 2 式の幾つかは、例外的な形をとる（辞書参照）。

kennen (know)　→　kannte　→　**kennte**

sterben (die)　→　starb　→　**stürbe**

🎧 2 接続法の用法の補足説明
2-74

① 疑問文の間接話法では、疑問詞が副文を導く（⇨ S.54 2 ②）。疑問詞がないときは、ob を使う（⇨ S.18 1 ②）。

Er fragte mich, **woher** sie komme.
*(He asked me **where** she came **from**.)*
　← Er fragte mich: „*Woher* kommt sie?"

Er fragte mich, **ob** sie mitkomme.
*(He asked me **if** she would come together.)*
　← Er fragte mich: „Kommt sie mit?"

Er fragte mich, **ob** sie mitkämen.
*(He asked me **if** they would come together.)*
　← Er fragte mich: „Kommen sie mit?"

② 命令文の間接話法では、命令・要求で sollen を、懇願・依頼で mögen を使う。

Sie sagte mir, ich **solle** nicht ihre Zeit verschwenden.
(She told me not to waste her time.)
　← Sie sagte zu mir: „Verschwende nicht meine Zeit!"

Sie sagte mir, ich **möge** ihr mein Heft zeigen.
(She asked me to show her my notebook.)
　← Sie sagte zu mir: „Zeigen Sie mir bitte Ihr Heft!"

※ 直接話法における〔zu j³ sagen〕の zu は、通常、間接話法で脱落する。

③ 他者の意見・主張などについて述べるときには、接続法を使う。

Der Nachricht nach **sei** der Krieg aus.
(According to the news, the war is over.)

④ 婉曲表現には接続法第 2 式を使う。

Ein Kaiser **sollte** stehend sterben.
*(An emperor **should** die standing.) (Vespasian)*

Zwar weiß ich viel, doch **möcht'** ich alles wissen.
*(Indeed I know many things, but I **would** like to know everything.) (Goethe: Faust)*

⑤ als ob や als wenn は接続法第２式（ときに接続法第１式）と一緒に使われて、「まるで～のように」を意味する。定動詞の移動で、ob や wenn を省くこともできる（⇨ S.20 **1** ②）。

Wer Großes will, muss leben, **als ob** er niemals *sterben würde*.
*(For the execution of great enterprises one must live **as though** one would never die.)* (Vauvenargues)

Lebe jeden Tag **als**, *wäre* es dein letzter.　←　als ob es dein letzter wäre
*(Live each day **as if** it were your last.)*　＊諺

⑥ 接続法第１式を使った表現には、次のような慣用表現もある。

Mach keinen Fehler zweimal ― **es sei denn**, er zahlt sich aus.
*(Don't ever make the same mistake twice, **unless** it pays.)* (Mae West)

⑦ 接続法第１式・接続法第２式は、**認容文**（⇨ S.57 **3**）でも使うことができる（〔直接法 → 接続法第１式 → 接続法第２式〕の順で事実から遠ざかる）。

Was immer auch komme, jedes Schicksal lässt sich überwinden durch Ertragen.
*(Our fate, **whatever it be**, is to be overcome by our patience under it.)* (Vergil)

Wenn sich **auch** alle an dir **ärgerten**, so will ich doch mich nimmermehr ärgern.
(Though all men shall be offended because of you, yet will I never be offended.) (Bibel)

 Übung 和訳しよう。

2-75

1. Wer das Vergangene kennte, der wüsste das Künftige. *(Goethe)*

2. Hör auf mir zu sagen, ich solle auf mein Herz hören. Es hat mich einst zu dir geführt. *(Iain Thomas)*

3. Als man wissen wollte, was die Gebildeten vor den Ungebildeten auszeichne, habe er gemeint: »Die Hoffnung auf Besseres.« *(Chilon)*

4. Aber eines Tages sprach es sich bei den Leuten herum, dass neuerdings jemand in der Ruine wohne. Es sei ein Kind, ein kleines Mädchen vermutlich. So genau könne man das allerdings nicht sagen, weil es ein bisschen merkwürdig angezogen sei. Es hieße Momo oder so ähnlich. *(Ende: Momo)*

5. Nicht den Tod sollte man fürchten, sondern dass man nie beginnen wird, zu leben.
(Mark Aurel)

6. Die einen möchten das verstehen, woran sie glauben, und die anderen das glauben, was sie verstehen. *(Stanisław Lec)*

7. Mach keinen Witz, der deine Freundschaft kostet. Es sei denn, der Witz ist besser als der Freund. *(Scarpi)*

8. Seine Trefflichkeit, welcher Art sie auch sei, ungehindert üben zu können, ist das eigentliche Glück. *(Aristoteles)*

9. Lebe jeden Tag so, als ob du dein ganzes Leben lang nur für diesen einzigen Tag gelebt hättest. *(Wassilij W. Rosanow)*

10. Wir sollten unser Leben so leben, als käme Christus heute Nachmittag. *(Jimmy Carter)*

――Ende gut, alles gut.

主要不規則動詞変化表

不定詞		直説法現在	過去基本形	接続法第Ⅱ式	過去分詞
backen （パンなどを）焼く	*du* *er*	bäckst (backst) bäckt (backt)	**backte** **(buk)**	backte (büke)	**gebacken**
befehlen 命令する	*du* *er*	befiehlst befiehlt	**befahl**	befähle/ beföhle	**befohlen**
beginnen 始める、始まる			**begann**	begänne/ begönne	**begonnen**
bieten 提供する			**bot**	böte	**geboten**
binden 結ぶ			**band**	bände	**gebunden**
bitten 頼む			**bat**	bäte	**gebeten**
bleiben とどまる			**blieb**	bliebe	**geblieben**
braten （肉などを）焼く	*du* *er*	brätst brät	**briet**	briete	**gebraten**
brechen 破る、折る	*du* *er*	brichst bricht	**brach**	bräche	**gebrochen**
brennen 燃える			**brannte**	brennte	**gebrannt**
bringen 運ぶ、持ってくる			**brachte**	brächte	**gebracht**
denken 考える			**dachte**	dächte	**gedacht**
dürfen …してもよい	*ich* *du* *er*	darf darfst darf	**durfte**	dürfte	**gedurft/ dürfen**
empfehlen 推薦する	*du* *er*	empfiehlst empfiehlt	**empfahl**	empföhle/ empfähle	**empfohlen**
erschrecken 驚く	*du* *er*	erschrickst erschrickt	**erschrak**	erschräke/ erschreckte	**erschrocken**
essen 食べる	*du* *er*	isst isst	**aß**	äße	**gegessen**
fahren （乗物で）行く	*du* *er*	fährst fährt	**fuhr**	führe	**gefahren**
fallen 落ちる	*du* *er*	fällst fällt	**fiel**	fiele	**gefallen**

不定詞		直説法現在	過去基本形	接続法第Ⅱ式	過去分詞
fangen 捕える	*du* *er*	fängst fängt	**fing**	finge	**gefangen**
finden 見つける			**fand**	fände	**gefunden**
fliegen 飛ぶ			**flog**	flöge	**geflogen**
fliehen 逃げる			**floh**	flöhe	**geflohen**
fließen 流れる			**floss**	flösse	**geflossen**
frieren 凍る			**fror**	fröre	**gefroren**
geben 与える	*du* *er*	gibst gibt	**gab**	gäbe	**gegeben**
gehen 行く			**ging**	ginge	**gegangen**
gelingen 成功する			**gelang**	gelänge	**gelungen**
gelten 値する、有効である	*du* *er*	giltst gilt	**galt**	gölte	**gegolten**
genießen 享受する、楽しむ			**genoss**	genösse	**genossen**
geschehen 起こる	*es*	geschieht	**geschah**	geschähe	**geschehen**
gewinnen 獲得する、勝つ			**gewann**	gewönne/ gewänne	**gewonnen**
graben 掘る	*du* *er*	gräbst gräbt	**grub**	grübe	**gegraben**
greifen つかむ			**griff**	griffe	**gegriffen**
haben 持っている	*ich* *du* *er*	habe hast hat	**hatte**	hätte	**gehabt**
halten 持って（つかんで）いる	*du*	hältst	**hielt**	hielte	**gehalten**
hängen 掛っている			**hing**	hinge	**gehangen**
heben 持ち上げる			**hob**	höbe	**gehoben**

不定詞			直説法現在	過去基本形	接続法第Ⅱ式	過去分詞
heißen …と呼ばれる、という名前である				**hieß**	hieße	**geheißen**
helfen 助ける	*du* *er*	hilfst hilft		**half**	hülfe/ hälfe	**geholfen**
kennen 知る				**kannte**	kennte	**gekannt**
kommen 来る				**kam**	käme	**gekommen**
können …できる	*ich* *du* *er*	kann kannst kann		**konnte**	könnte	**gekonnt (können)**
laden (荷を) 積む	*du* *er*	lädst lädt		**lud**	lüde	**geladen**
lassen …させる	*du* *er*	lässt lässt		**ließ**	ließe	**gelassen (lassen)**
laufen 走る	*du* *er*	läufst läuft		**lief**	liefe	**gelaufen**
leiden 悩む、苦しむ				**litt**	litte	**gelitten**
leihen 貸す、借りる				**lieh**	liehe	**geliehen**
lesen 読む	*du* *er*	liest liest		**las**	läse	**gelesen**
liegen 横たわっている				**lag**	läge	**gelegen**
lügen うそをつく				**log**	löge	**gelogen**
messen 測る	*du* *er*	misst misst		**maß**	mäße	**gemessen**
mögen …かもしれない	*ich* *du* *er*	mag magst mag		**mochte**	möchte	**gemocht (mögen)**
müssen …ねばならない	*ich* *du* *er*	muss musst muss		**musste**	müsste	**gemusst (müssen)**
nehmen 取る	*du* *er*	nimmst nimmt		**nahm**	nähme	**genommen**
nennen …と呼ぶ				**nannte**	nennte	**genannt**

不定詞		直説法現在	過去基本形	接続法第II式	過去分詞
raten 助言する	du er	rätst rät	riet	riete	geraten
reißen 引きちぎる	du er	reißt reißt	riss	risse	gerissen
reiten (馬で) 行く			ritt	ritte	geritten
rennen 走る			rannte	rennte	gerannt
rufen 叫ぶ、呼ぶ			rief	riefe	gerufen
schaffen 創造する			schuf	schüfe	geschaffen
scheinen 輝く、思われる			schien	schiene	geschienen
schieben 押す			schob	schöbe	geschoben
schießen 撃つ			schoss	schösse	geschossen
schlafen 眠っている	du er	schläfst schläft	schlief	schliefe	geschlafen
schlagen 打つ	du er	schlägst schlägt	schlug	schlüge	geschlagen
schließen 閉じる			schloss	schlösse	geschlossen
schmelzen 溶ける	du er	schmilzt schmilzt	schmolz	schmölze	geschmolzen
schneiden 切る			schnitt	schnitte	geschnitten
schreiben 書く			schrieb	schriebe	geschrieben
schreien 叫ぶ			schrie	schrie	geschrien
schweigen 沈黙する			schwieg	schwiege	geschwiegen
schwimmen 泳ぐ			schwamm	schwömme	geschwommen
schwinden 消える			schwand	schwände	geschwunden

不定詞		直説法現在	過去基本形	接続法第Ⅱ式	過去分詞
sehen 見る	du er	siehst sieht	sah	sähe	gesehen
sein …である	ich du er wir ihr sie	bin bist ist sind seid sind	war	wäre	gewesen
senden 送る (、放送する)			sandte/ sendete	sendete	gesandt/ gesendet
singen 歌う			sang	sänge	gesungen
sinken 沈む			sank	sänke	gesunken
sitzen 座っている	du er	sitzt sitzt	saß	säße	gesessen
sollen …すべきである	ich du er	soll sollst soll	sollte	sollte	gesollt (sollen)
sprechen 話す	du er	sprichst spricht	sprach	spräche	gesprochen
springen 跳ぶ			sprang	spränge	gesprungen
stechen 刺す	du er	stichst sticht	stach	stäche	gestochen
stehen 立っている			stand	stände/ stünde	gestanden
stehlen 盗む	du er	stiehlst stiehlt	stahl	stähle/ stöhle	gestohlen
steigen 登る			stieg	stiege	gestiegen
sterben 死ぬ	du er	stirbst stirbt	starb	stürbe	gestorben
stoßen 突く	du er	stößt stößt	stieß	stieße	gestoßen
streichen なでる			strich	striche	gestrichen
streiten 争う			stritt	stritte	gestritten

不定詞		直説法現在	過去基本形	接続法第Ⅱ式	過去分詞
tragen 運ぶ	du er	trägst trägt	trug	trüge	getragen
treffen 当たる、会う	du er	triffst trifft	traf	träfe	getroffen
treiben 追う			trieb	triebe	getrieben
treten 歩む、踏む	du er	trittst tritt	trat	träte	getreten
trinken 飲む			trank	tränke	getrunken
tun する	ich du er	tue tust tut	tat	täte	getan
vergessen 忘れる	du er	vergisst vergisst	vergaß	vergäße	vergessen
verlieren 失う			verlor	verlöre	verloren
wachsen 成長する	du er	wächst wächst	wuchs	wüchse	gewachsen
waschen 洗う	du er	wäschst wäscht	wusch	wüsche	gewaschen
wenden 向ける（、裏返す）			wandte/ wendete	wendete	gewandt/ gewendet
werben 得ようと努める	du er	wirbst wirbt	warb	würbe	geworben
werden …になる	du er	wirst wird	wurde	würde	geworden (worden)
werfen 投げる	du er	wirfst wirft	warf	würfe	geworfen
wissen 知る	ich du er	weiß weißt weiß	wusste	wüsste	gewusst
wollen …しようと思う	ich du er	will willst will	wollte	wollte	gewollt (wollen)
ziehen 引く、移動する			zog	zöge	gezogen
zwingen 強要する			zwang	zwänge	gezwungen

表紙デザイン：平田有美子

本文デザイン：明昌堂

構造がわかるドイツ語文法　三訂版
― 基礎＋発展の2段階式 ―

検印
省略　　　　　　　© 2024 年 1 月 30 日　　　　初 版 発 行

著者　　　　　　　　　　　　　　　中 橋　　誠

発行者　　　　　　　　　　　　　　小 川　洋一郎

発行所　　　　　　　株式会社 朝 日 出 版 社
　　　　　　　〒 101-0065 東京都千代田区西神田 3-3-5
　　　　　　　　　　電話 (03) 3239-0271・72 （直通）
　　　　　　　　　　https://www.asahipress.com
　　　　　　　　　　　明昌堂／信毎書籍印刷

ISBN978-4-255-25469-2 C1084